サブスクリプションの
収益管理と企業価値評価

谷守正行 [編著]　秋山 盛／梅田 宙 [著]

一般社団法人 **金融財政事情研究会**

はしがき

　2000年代以降、国内外の不確実性は大きくなるばかりにみえる。そのなかで、社会の中心はMZ世代になろうとしている。MZ世代とは、ミレニアル世代（Millennials；1980年頃〜1995年生まれ）とZ世代（generation Z；1996年以降生まれ）をあわせた世代である。ミレニアル世代はインターネット環境で育ち、Z世代はスマートフォンとともに育ち、どちらもデジタルネイティブといわれる。ＭＺ世代は物欲よりも体験重視の傾向にあり、2010年代のシェアリング・エコノミー台頭の要因の１つと考えられている。このような不確実性とデジタル革新可能性の高い時代に、米国で新しいビジネスモデルが登場した。それが、サブスクリプションである。

　日本においても、2010年代後半からさまざまなサブスクリプションとされるビジネスが開始されてきた。しかし、日本におけるサブスクリプションの適用状況をみる限り、かなり混乱している。単なる定額課金や定期購買のことをサブスクリプションと称している例が少なくない。そのため、本来の正しいサブスクリプションが広まらずに、真の価値が認識されないまま中止に至るケースがあるのではないだろうか。すなわち、今の日本におけるサブスクリプションは「悪貨が良貨を駆逐する」ことになりかねない状況に、危惧を覚える。

　そこで、本書はそのような誤解や混乱を整理して、本来のサブスクリプションの定義と価値の明確化を行うことで、より適切かつ効果的に活用して社会経済活性化に貢献しうるのではないかとの思いから上梓したものである。

　これまで従来のサブスクリプションを扱った書籍は、サプライヤーである事業者の視点から検討したものがほとんどであった。しかし、中長期持続可能な収益性と将来にわたる健全性が確保された真のサブスクリプションを実現するためには、事業者からだけの検討では足りない。事業者と顧客との

win-winの関係を求めるのはもちろんであるが、銀行、投資家、CFO・財務・税務担当や監査法人など事業を取り巻くステークホルダーそれぞれの価値の最大化を検討する必要がある。すなわち、win-win関係を超えたステークホルダー全員に「三方よし」の精神を取り込んだビジネスを可能にしたことが、サブスクリプションの最大の貢献と言っても過言ではない。

　そこで本書では、ステークホルダーそれぞれの観点から章を設けて，それぞれの視点で検討して結論となる指針を出すこととした。まず、第1章では「サブスクリプションの定義とモデル化」を行い、次章から順番に「事業者と銀行」の視点（第2章）、「顧客」の観点（第3章）、「CFO・財務担当や監査法人」の視点（第4章）、そして最後に「投資家」の視点（第5章）それぞれからみたサブスクリプションの価値と適用にあたっての考え方を検討している。

　なお、本書におけるサブスクリプションの考え方は、現在継続して収益をあげている企業の実例をふまえ、以下の3点を前提としている。

　　・サブスクリプションとは、単なる定額課金だけの意味ではない
　　・サブスクリプションとは、単なる定期購買や繰り返し（リカーリング）
　　　ビジネスだけの意味ではない
　　・サブスクリプションとは、単なる会員制だけの意味ではない

　まず、第1章では「サブスクリプションの定義とモデル化」を行った。ステークホルダーごとのサブスクリプションの要件や価値を検討するためには、そもそもサブスクリプションとは何か、に答えを出しておく必要がある。そこで、本章では実際に成功しているサブスクリプション実施企業の内容を「見える化」することから始め、それをモデル化し、サブスクリプションたる要件を明らかにした。そのモデルをもとに、世間のさまざまなサブスクリプションとして宣伝されるビジネスに適用して検証を行い、最終的にサブスクリプションの定義まで行った。

　第2章では、「事業者と銀行にとってのサブスクリプション」として、サブスクリプション・ビジネスを推進する側の視点から価値を検討している。

推進側にとっての最も関心のある価値とは経済的価値であることから、一般的な収益管理の仕組みとの差異を解説し、サブスクリプション・ビジネス収益管理は「中長期マーケティング志向の収益管理」であり「アクルー収益管理」や「ホリスティック・アプローチの収益管理」となることを明らかにしている。

第3章では、「顧客にとってのサブスクリプション」の検討を行っている。まず、顧客価値を、顧客にとっての価値としていかに認識し測定すべきかを検討している。そこで明らかになったのは、サブスクリプションの持つサービス・ドミナント・ロジックによって事業者と顧客との間に交換価値を超えた価値が共創されることである。事業者と顧客がお互いにいかに共創価値を高められるかがサブスクリプションの持続可能性に最も重要な点である。本章では銀行を例として実数値で検討している。将来的には、温室効果ガス排出量を企業と顧客で協力して削減する量を共創価値としてとらえることでSDGs達成に向けた管理会計の適用も可能になるではないだろうか。

第4章では、「収益認識に関する会計基準」や「収益認識に関する会計基準の適用指針」をもとに、サブスクリプションにはどのような会計処理が考えられるかを検討している。さらに、実際に海外のサブスクリプション企業の顧客との契約から生じる収益の認識等に関する会計方針を取り上げて解説している。また、借り手の立場からリースとサブスクリプションの会計処理を比較するだけでなく、2021年の税制改正がサブスクリプションに与える影響も取り上げている。これら制度に基づくサブスクリプションの会計処理の検討は国内では初めてではないだろうか。

本章は大学在学中に公認会計士試験に合格して、現在は管理会計研究者として大学で教鞭をとる梅田宙氏が、会計制度と海外の事例を照らし合わせながら論点を明確にしつつ、会計初学者にも理解できるようにわかりやすくまとめており、他書に類を見ない価値ある内容である。

そして、最後の第5章では、投資家の視点からサブスクリプション・ビジネスや当該ビジネスの運営主体である企業に対する価値評価の方法を解説し

ている。まず、投資初学者や他分野の研究者から実務家にも認識できるように、サブスクリプション・ビジネスを想定しながらファイナンス分野の企業価値評価の方法を概観している。それをもとに、サブスクリプション・ビジネスの運営形態別に仮説例を設けて、売上高・損益推移を予測し，キャッシュフロー予測まで行っている。

　本章は日本長期信用銀行（現 新生銀行）を皮切りに、外資系投資銀行、メガバンク等で先進的な投資商品の開発実務を経験し、複数の大学にて兼任講師を務める秋山盛氏が、金融の専門家だけなく学生や投資初学者にも十分に理解できるようにわかりやすく解説したものである。さまざまなサブスクリプション・ビジネス・パターンを設定して、それぞれを投資家目線で実際に企業価値評価を行っており、本章もまた他書に類例を見ない内容である。

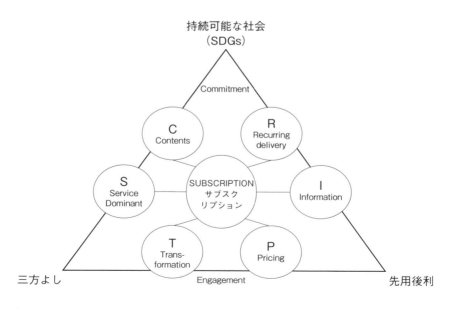

以上のとおり、本書は5章構成でステークホルダーそれぞれの視点からサブスクリプションの価値を検討し、おそらくはじめてサブスクリプションのモデル化による定義を行っている。また、サブスクリプションは中長期の継続型ビジネスであることから、銀行のアクルー会計やコミットメントラインの仕組みがおおいに参考になることを説明する。

　ほとんどの場合、サブスクリプションは投資先行型となる。そのため、先義後利のサブスクリプション換言すれば「先用後利」のビジネスモデルといえる。また、サブスクリプションに内包されるサービス・ドミナント・ロジックによって、交換価値よりも共創価値の向上に比重が移り、ステークホルダー間の「三方よし」の実現に貢献しうるビジネスモデルでもある。さらに敷衍すると、社会全体（すなわち地球環境レベル）で先用後利と三方よしを統合的・発展的に適用していくことにより、サブスクリプションは持続可能な社会の実現に向けた「SDGs（持続可能な開発目標）の達成」に資するビジネスモデルとなりえるのである。

　最後に、株式会社きんざいの谷川治生氏には、「先用後利」を投資家・債権者の視点からはどうみればよいのか、というアイデア出しの段階から、丁寧な原稿確認と制作に至るご支援をいただいたことに、心より感謝する。

　本書が、ますます不確実性の高まる世の中で、経済社会の活性化、地域・顧客の安心と幸せ、そして持続可能な社会の実現に少しでも貢献できれば望外の喜びである。

2022年6月

谷守　正行

第3章	顧客にとってのサブスクリプション

第 1 章

サブスクリプションの
定義とモデル化

□　はじめに

　いま、世界中でサブスクリプションが盛り上がっている。日本の場合は、官民あげてのデジタルトランスフォーメーション（DX）やSDGsの推進施策にあわせるように加速度的に拡大している。だが、ひとくちにサブスクリプションといっても、導入した企業が発表したサービスや商品の内容をみると、そのビジネス・モデルは各社各様である。

　現在の日本では、都度取引・アラカルト取引以外の取引をすべからくサブスクリプションと称しているようにもみえる。例えば「定額料金制」や「○○し放題」とうたうだけでサブスクリプション方式導入のニュースとして取り上げられたり、昔からある富山の置き薬や物品のレンタル・リース、携帯料金、焼肉食べ放題までまるでサブスクリプション・ビジネスの原型とする記事もあふれている。ビジネスニュースや企業の開示情報や有価証券報告書を"サブスクリプション"で検索すると、多種多様なサブスクリプションが百花繚乱の様相を呈しているのである（図表１−１）。

　当然のことながら、"サブスクリプション"を名乗るすべてのビジネスが成功しているわけではない。むしろ失敗し撤退した事例も相次いで報道され

図表１−１　サブスクリプションの現状

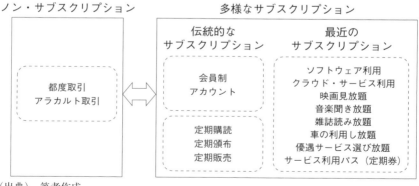

（出典）　筆者作成。

2

ている。このため、2010年代後半からサブスクリプションブームが盛り上がる一方で、ネガティブなイメージも広がり、特に伝統的な都度取引・アラカルト取引で成功してきた企業の経営者や、債権金融機関から、「サブスクリプションは使えない、信用できない」と胡散くさげにみられている節すらある。

　筆者は、こうしたカオスな状況は、まだこのビジネスの本質に対する理解が十分ではないことから生じていると考えている。現在の日本はサブスクリプションの黎明期から過渡期を迎えた段階にある。このビジネスが根付き、健全に発展していくためには、事業者と利用者はもとより取引の関係者のすべてがサブスクリプションの仕組みと真の価値を正しく理解する必要がある。

　そこで本章では、サブスクリプションの現状、期待されるさまざまな価値、そして多様な機能を整理しモデル化を行うことによって、あらゆるステークホルダーの価値を極大化させるサブスクリプションを定義する。

1　世の中にあふれる多様なサブスクリプション

1.1　サブスクリプションが生まれた経緯

　2000年代後半に「新しいサブスクリプション」が登場した。古くはサブスクリプションとは雑誌の定期購読や会費の意味であった。新しいサブスクリプションは、最初はソフトウェアのライセンス管理のための取引形態であった。例えば、統計ソフトで世界的に有名なSASインスティテュートは、提供するソフトウェアの開発費とその後のアップデートの保守料金を月ごとや年ごとの「利用料」に一本化し、導入企業の費用負担を平準化した。その後、salesforce.com社はクラウド型サービスとしては初めて、従来の販売価格と（アップデート等の）保守料を包含した期間利用料を課金するサブスクリプ

ション・サービスを提供した。当時の時代背景としては、リーマンショック後の世界的な景気減速のなか、企業が大きな一時投資を控えていたという事情もあった。

　つまり、現在に至る「新しいサブスクリプション」は、初期投資を抑制しながら、毎月の経費としてソフトウェアを利用するかたちで登場したのである。その後、クラウド環境の進展や浸透とともにソフトウェア業界の標準的な販売形態としてサブスクリプションが定着することとなる。

　2010年代以降になると、ソフトウェア業界以外にもサブスクリプションが広がっていく。ソフトウェアと同様にこれまでCDやDVDで提供されていた映像や音楽のコンテンツのデジタル配信が可能になると、ものすごい勢いでサブスクリプションが適用されるようになった。ソフトウェアと同様にクラウド環境でコンテンツを更新する、つまりアップデートする方法と同じ販売形態であるため、サブスクリプションが最適だったのである。さらに2010年代後半になると車や銀行といった有形のモノや既存のエッセンシャルサービスにもサブスクリプションが適用され、さらに（遅まきながらの感はあるものの）パソコンや携帯・スマートフォンなどハードとソフトが一体のビジネスにもサブスクリプションが適用されるようになっている。

　折しも、減価償却されて機種更改される宿命のある有形のモノを切り替える際に、いわゆる“廃棄物にしたくない”という環境保護の考え方が世界的に求められるようになっている。もちろん、以前から“MOTTAINAI（もったいない）”とか、エコ意識の要請はあった。しかし、従前は有形のモノについては、購入して資産計上したうえで使用し、いずれは償却するという「資産化」の手段以外ではリース[1]かレンタルしかなく、その場面では環境保全面の社会的要請に十分に応えることはできなかった。ただし、モノの廃棄段階では、インターネットの中古品市場が活況を呈するようになったこともあって、再利用の取り組みが進んだ。

1　ところが、新リース会計基準（IFRS第16号）の適用開始にともない、日本の基準でもリースは資産化の方向で検討されている。詳細は第4章で解説する。

そこに、あらゆるものをサービスに変えることのできる新しい仕組みとしてサブスクリプションがフィットした。それは、「資産化しない」方法として、そもそも廃棄する必要も廃棄後も考える必要のない、リースやレンタルに加わる手段が登場したのである。一方、サービスを利用する側の企業にとっては、環境面からサブスクリプションの適用が積極的に検討される状況にある。最近では、企業の社会的なコミットのレベルで経営目標としてSDGs（持続可能な開発目標）が明確化されるに至り、その実施手段としてリサイクルの促進や環境配慮型商品の開発に加えてサブスクリプションが相次いで企業に導入されている。

まとめると、リーマンショックを契機に2010年代に入る段階で、以下のように経済面、技術面、環境面そして価値観の変化から、取引手段としてサブスクリプションの適用が拡大している。

(1) 経済面からの流れ：コスト削減からコスト回収へ

2000年代に入ってのデフレ不況や2007年に始まった金融危機から脱却すべく、少ない投資で収益を持続的にあげていく必要があった。しかし、コスト削減は限界に達し、社会全体の活性化を促すためにも売上げ（収益）のほうを拡大してコストを回収する経営管理へ変化する必要があった。

そのため、コスト削減を目指して取引効率化として「選択と集中」（儲かる顧客に手厚いサービス、儲からない顧客には最低限のサービス）を行うのではなく、売上拡大を目指して取引を活発化して関係性を深めてアップセルやクロスセルにつなぐように変化したのである。すなわち、極論すれば「関係整理・解消と効率化によるコスト低減」から「関係構築・拡大による売上向

図表1-2　経済面からの要請

2000年代		2010年代〜
顧客関係の整理（解消）と効率化によるコスト削減意識	→	顧客関係の構築と拡大・深化のための収益拡大意識の醸成

（出典）　筆者作成。

上」へ変わる必要があったのである（図表１－２）。

　(2)　技術面からの流れ：オンプレミス型からクラウド型環境へ

　ネットワークの高速化やコンピュータの高度化によって、オンプレミス型（自前の自己完結型）開発にかえてクラウド型の環境を選択することが可能となった。これにより、オンプレミスの社内保有・自社運用主義から、クラウドによる利用主義へシフトが進んだものといえる。

　サービスの提供側の企業では、サーバー等の物品販売や受託開発による顧客資産構築のビジネスから、SaaS（Software as a Service）に変化して、従来のCPU課金にかわる利用者に応じた新しい契約体系が求められていた。他方、サービス利用側の企業においても、クラウド・サービスの利用ごとの課金方式ではなく、高速のネットワーク環境を活かして利用者ごとに定額でほぼ無制限に利用できる方式を求めた。その結果、SaaS環境にはサブスクリプション型のビジネスの適用が加速したのである。

　また、クラウド化が進んだことから、IT関連は資産から経費に変わったとみることができる。資産化されると当初は大きなキャッシュアウトになり、その後数年間のみ制度上の減価償却費として処理される。それに対して、クラウド化によってサブスクリプションが適用された場合には、毎期定額で利用される業務委託費等の経費は販売費及び一般管理費として処理されるところもある。すなわち、従来のオンプレミス型の場合は減価償却費の多くが原価計算によって製品や商品サービスの原価に配賦されて原価低減の対象とされるのに対して、クラウド型の業務委託費は固定費として処理されて収益で回収されることが可能になったといえる（図表１－３）。

図表１－３　技術面からの要請

2000年代

| オンプレミス環境における資産化と
減価償却による原価低減の意識 |

➡

2010年代〜

| クラウド環境における非資産化と
経費の固定化による原価回収の意識 |

（出典）　筆者作成。

(3) 環境面からの流れ：消費からSDGs

　SDGsを目的に、企業も個人も廃棄するよりもできるだ再利用の方向で考えるようになった。脱炭素の観点から廃棄しない方向に世界は動いている。処分予定の物品については廃棄からリサイクルやリユースする方向に向かっている。しかし、処理や維持のコストが高くつくことがあり、仕方なく廃棄してしまう場合も少なくない。そこに登場したのが、シェアリング・エコノミーである。所有権を変えずに、利用権のみ流通させる仕組みといってよい。

　すなわち、SDGsの観点からシェアリング・エコノミーに基づく取引が要請されるようになり、シェアリング・ビジネスに適合性の高いサブスクリプションの適用が進んだものと考えられる（図表1－4）。

図表1－4　環境面からの要請

「消費」による 資産化と廃棄物化		「シェアリング」による 非資産化と廃棄ゼロ化

（出典）　筆者作成。

(4) 価値観の変化：所有から利用へ

　1980年代から1995年までに生まれたミレニアル世代や1996年以降に生まれたZ世代は、2010年代では個人はもちろんのこと企業においても中心的なポジションを占めている。両世代はデジタルネイティブといわれるが、特にZ世代はSNSネイティブ、スマホネイティブでもある。

　もっとも、彼らは生まれてからモノのあふれた世界で育ち、あまり欲しいモノが思いつかず、それよりも旅行やスポーツ観戦、観劇など“体験”するほうに価値を覚える世代といわれる。彼らこそ日々の生活や取引において「所有よりも利用」に向かうことにまったく違和感や迷いがない世代である。それら世代がいまや世界の中心になりつつあるということから、全世界的にきわめて大きな価値観の変化が起こっているといえる（図表1－5）。

図表１－５　新世代の価値観からの要請

| 「所有する」ことに価値 | | 「利用する」ことに価値 |

（出典）　筆者作成。

　日本の企業や消費者は2010年代以降の特に後半になってから、この４つの大きな変化に対応するためにサブスクリプションに注目が集まった。もっといえば、このような時代の変化を見極めれば、いまのサブスクリプション・ビジネスの活況は必然の結果といえる。

1.2　サブスクリプションの多様性

　さて、このようにみてくると、いまのサブスクリプションは昔の定期購読や会費とは大きく変化したビジネス・モデルとなっていることがわかる。たしかに消費財や車など有形のモノにも適用されていることから、あたかも以前からあるモデルに先祖返りしたように錯覚する人がいてもおかしくない。しかしながら、いまの新しいサブスクリプションの内容は単に定期的な購入、購読、頒布、提供という一方通行の機能にとどまらない。

　そこで、市場で実施されて話題となっているいくつかのサブスクリプション・ビジネスの内容を機能レベルで客観的かつ合理的に検討する。それぞれのサブスクリプション・ビジネス・ケースに基づいて、機能に着目したモデル化（機能を見える化）を行い、まずは「サブスクリプションとは何なのか」を探求してみよう。

1.3　話題のサブスクリプション・ビジネスの見える化

　現状、成功しているといわれるサブスクリプション・ビジネスの持つ機能要件を整理する。最初に、ケースとするサブスクリプション・ビジネスを「見える化」する。まず、機能モデルの表記方法の１つであるビジネスプロセス・モデリング表記法[2]（Business Process Model and Notation：以下「BPMN」）をもとに、わかりやすさを目的に一部簡略化を行ったうえでモデ

リングする。BPMNによるモデル書式は次のとおりである。

・横長の長方形はレーンとしてエンティティやアクターを示す。

・角丸の長方形はプロセスや工程、もしくは処理を意味する。

・円は製品、商品、サービス、情報などのアウトプットである。

・下から上または上から下への矢印はアウトプットの生成元と受渡し先を示す。

・左から右と右から左の矢印は、サービスなどの処理の繰り返しを示す。

以下のとおり、BPMNによりSaaS（Software as a Service）、MaaS（Mobility as a Service）、BaaS（Banking as a Service）および会員制ビジネスにおけるサブスクリプション・ビジネスの代表的なケースを分析する。

(1) Netflix〈SaaS〉

Netflixは、もともとはCDやDVDのオンデマンド型の郵便によるビデオレンタル会社であった。ブロックバスターという最大手のビデオレンタルチェーン店が衰退した[3]のとは反対に、Netflixの登場以来、オンデマンド型の郵便による配送返却のレンタルビジネスが拡大していった。その要因は、前者のブロックバスターはDVDという「モノ」をレンタルするという戦略だったのに対して、NetflixではDVDは手段でしかなく、真の目的は当初から顧客にとって本来の価値である中身の映像コンテンツから得られる体験を提供するビジネスを行ったことにある。

つまり、Netflixではサービス手段としてオンデマンドでの郵便配送返却型のDVDを利用していたにすぎなかった。それは、創業後すぐの1999年に始めた定額制のレンタルサービスからも明らかである。それは月額15ドルでDVDを本数制限なしにレンタルできるもので、延滞料金や送料ほかの手数料がすべて無料というサービス・プログラム[4]であった。DVDを管理する

2　BPMNは、複雑なプロセスの意味論まで可能とするビジネス・ユーザーの目線での表記を提供することを目的に、Object Management Group（OMG）により検討されている（山原編 2018）。

3　ブロックバスターは、2004年のピーク時は6万人以上の従業員で9,000店舗以上展開していたが、2000年代後半に経営が悪化し、2010年9月に倒産に追い込まれた。

のでなく、その本数や期限関係なく、月額定額で顧客が満足するまで映像コンテンツを提供するものといえる。

　これに対してブロックバスターでは、電子メールやネットでの注文といったオンデマンド型ビジネスへの対応が十分ではなかった。それはDVDレンタルのビジネスから脱却できなかったからである。2000年代後半のクラウド環境を利用したストリーミングサービスへの展開はNetflixにとっては当然の方向性であったが、ブロックバスターにとってはビジネス・モデルとして容易ではなかったのである。

　ただし、最近は未利用顧客に対して個別に継続の意思を確認する作業を行っている。一方で、国内外で一斉に値上げを行った。また、以前にも増して独自コンテンツの作成、ビデオゲームへの参入、独自コンテンツのTV局への販売など、さまざまなサービスに取り組んでいる。コアビジネスであるビデオ配信は、新型コロナウイルス感染症の流行による外出制限を背景に活発化した自宅でのエンターテインメントの主役として、爆発的に普及している。

　図表1－6のとおり、Netflixから顧客に、さまざまな動画コンテンツがクラウド環境に用意される。顧客は、パソコンやスマートフォンのブラウザやアプリを介して、いつでもどこでも何度でも動画を繰り返し選び楽しむことができる。一方の顧客は、Netflixに対して定額で料金を支払う。さらに、NetflixはWebサイトのログから顧客の属性、視聴動画の種類・傾向、視聴時間などの利用状況などに関するいわゆる顧客情報（CRM情報）を得る。

　すなわち、Netflixのサブスクリプションは、顧客に対して定額課金で繰り返し継続的に動画視聴サービスを提供するビジネス・モデルであって、最新の顧客情報をもとに現在および将来にわたるサービス価値と顧客満足度を高める進化型ビジネス・アーキテクチャである。顧客情報をもとにしたサービスの改善や進化は、フィードバックはもちろんであるが、現在提供中の動

4　日本でも同様のサービスはTSUTAYAやDMMなど大手DVDレンタル企業において、いまでも月額サービスとして展開されている（2022年6月現在）。

図表1－6　Netflixのサブスクリプション

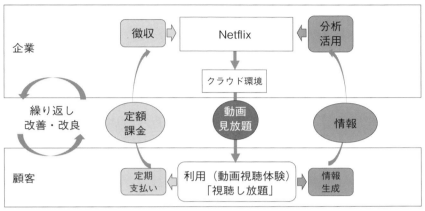

（出典）　筆者作成。

画の種類や推奨優先度などにリアルタイムに活用するフィードフォワードで
行われる。

(2)　Amazon Prime〈会員制サービス〉

　Amazon Primeは、英語のsubscriptionの意味にもある伝統的な会員制の
EC（electric commerce；電子商取引）版である。この会員制タイプのサブス
クリプションとしては、メンバーシップ制ウエアハウスのコストコ
（Costco）、航空会社のステータス会員、上級クレジットカード会員などにも
みられる。会員制は、ソフトウェアのライセンスと同様である。ソフトウェ
アの場合はライセンス管理とアップデート・サービスを組み合わせてサブス
クリプションとして確立されている。同じことがAmazon Primeでも行われ
ていると考えるとわかりやすい。

　Amazon Prime会員であれば自由に何回でも視聴可能な映画や音楽のコン
テンツ、EC物品配送に関しては送料無料化や配送のスピードアップや日時
指定、さらにWeb上の個々のレコメンド機能などが、ソフトウェアでいう
ところのアプリケーションとなる。そして、それらAmazon Primeのビデオ
や音楽などのサービスは常に最新化や拡充がなされており、その他ECに関

するサービスも日々改善・拡充されている。

Amazon Primeのサブスクリプションは、図表1−7のとおり、月や年会費として定額を支払うことで、プライム会員となる。プライム会員になった顧客は、会員期間内であれば数千万種類のビデオや音楽を何度でもいつでも楽しむことができる。また、本や物品の購入においては、配送料無料となるうえ即日や翌日配送が何度でも適用される。ただし、顧客の商品購入や閲覧の履歴や、ビデオ・音楽の視聴履歴から嗜好や行動傾向の分析がなされており、一部商品のレコメンドやおすすめビデオのかたちで自動的に顧客にアプローチされる。この場合、最新の顧客情報をもとに顧客の行動を誘導する意味となるため、フィードフォワードに進化するビジネス・アーキテクチャといえる。

なお、Amazonサービスのなかに配送スケジュールを設定して定期的な配送を割安で行う「定期おトク便」サービスがある。この「定期おトク便」は、プライム会員でなくとも利用可能という、伝統的な「定期購入」の意味でのサブスクリプション・サービスである。すなわち、図表1−7に当ては

図表1−7　Amazon Primeのサブスクリプション

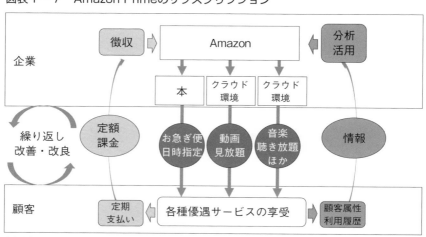

（出典）　筆者作成。

12

めれば、「定期おトク便」の場合、商品が毎回同じ金額で定期的に繰り返し配送されるサービスであるが、情報活用については顧客がプライム会員である必要がないことから個々の分析よりも全体的な分析に活用されているサブスクリプションである。

(3)　KINTO〈MaaS〉

　トヨタのグループ会社が展開するKINTOは、ホームページによれば、「好きなクルマ１台を、トヨタ車は３／５／７年間、レクサス車は３年間お楽しみいただけるサービスです。月々定額でクルマにお乗りいただく際のフルサービスを提供いたします。フルサービスの内容には、車両代金、KINTO所定のオプション（装備品）代金、登録諸費用、自動車税環境性能割、契約期間中の各種税金・保険（自動車税種別割、重量税、自賠責保険料、自動車保険（任意保険）料）、メンテナンス費用（点検、故障修理等）、車検費用が含まれます」という、車のサブスクリプションである。図表１－８はKINTOの機能を見える化したものだ。

　国内の他の自動車関連企業においても、サブスクリプション・ビジネスを

図表１－８　KINTOのサブスクリプション

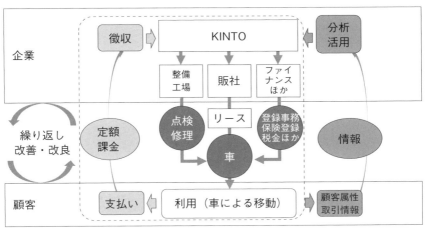

（出典）　筆者作成。

開始している。その宣伝内容からは「コミコミ（あらゆるサービスが込み込みの意味）」か、「定額型のリース」の２つがサブスクリプションの特徴として強調されているようにみえる。しかし、それだけでは、図表１－８のKINTOのモデルのうち破線部分の「付帯サービス・パッケージ付きのリースを定額で提供する機能」にとどまってしまう可能性がある。

　KINTOは、顧客のさまざまな情報を収集・分析することで、新規提供時や現在提供中のサービスに対する改善（KAIZEN）に活用する。すなわち、KINTOは自動車本体をリースで提供し、付帯サービス込みの定額で繰り返し利用できるビジネスであるが、それに加えて顧客情報をもとにサービスを改善していくことが前提のビジネス・モデルとなっている。

　特に、顧客情報を活用して常時最適化され進化するスパイラルアップ型のビジネス・アーキテクチャであるところに特徴がある。その点が、単なる定額制やリースとの違いであり、複数のサービス込みの自動車定額リース提供ビジネスとは一線を画すサブスクリプションならではのKINTOの最大の特徴といえる。

⑷　N26銀行（独）〈BaaS〉

　これまでは、決済、振込み、預金、入出金、当貸などそれぞれ手数料が設定されて行われていた銀行サービスが、ドイツのチャレンジャー・バンク（Challenger Bank）[5]であるN26銀行がサブスクリプション・サービスとして2013年に提供を開始した。口座開設から店舗に出向く必要なくオンラインで完結し、その後の取引もすべてN26アプリで完結する。

5　チャレンジャー・バンクとは、自ら新規に銀行免許を取得し、スマートフォンなどでサービスを提供する銀行のことである。他方、自らは銀行免許を持たずに提携した既存の銀行プラットフォーム上に独自のインターフェースを構築して銀行サービスを提供する企業のことをネオ・バンク（Neo Bank）という。チャレンジャー・バンクとネオ・バンクを総称してデジタル・バンクとされる。日本のチャレンジャー・バンクは、BaaS中心の住信SBIネット銀行、GMOあおぞら銀行およびみんなの銀行がある。みんなの銀行では、2021年に完全なチャレンジャー・バンクとして開業し、日本で初めて各種のサービス・パッケージを口座維持手数料と言わずに一定の月額課金のサブスクリプションとして提供している。

図表 1 － 9　N26のサブスクリプション

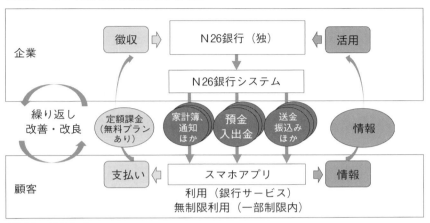

（出典）　筆者作成。

　なお、月額課金と利用可能なサービス内容が異なる数種類のサブスクリプション・プランが用意されており、最初は顧客がそのプランのなかから選べばすむようになっている。さらに、顧客情報の分析結果に基づいて都度最適なプランが提案される。サブスクリプション・プランのサービスの違いは、月内のATM引き出し回数や資産運用アドバイスの有無といった銀行サービスだけでなく、医療・旅行保険の有無や充実度、その他特典などクレジットカードと同様の付帯サービスの組み合わせの内容にある。そのなかには、サービスが相当に制限された（サブスクリプション価格＝）無料のプランも用意されている。

　N26のサブスクリプションの機能を見える化すると、図表 1 － 9 のとおりとなる。

2 サブスクリプション・ビジネスに 必要な機能とは何か

　サブスクリプション定義に当たって機能要件を抽出するためには、まず、サブスクリプション・ビジネス・パターンを漏れや重複なく整合的に検討する必要がある。そこで、「サブスクリプション」と標榜されているビジネスについて、製品や商品といった物品の勘定科目「資産」の移転、資産の活用、主に人的サービスの提供状況等によって、「資産販売」「資産活用」「資源消費」という3つの排他的なビジネス形態に分類し機能要件を抽出する。

　1．資産販売型サブスクリプション

　2．資産活用型サブスクリプション

　　➤物品活用型サブスクリプション

　　➤無限の資産活用型サブスクリプション

　　➤有限の資産活用型サブスクリプション

　3．資源消費型サブスクリプション

　最初の「1．資産販売型サブスクリプション」とは、製造業であれば製品、サービス業の場合は仕入商品の販売であり、有限の資産を顧客へ移転するビジネス・モデルである。飲食業の場合は調理することを製造と考えてできあがった食品（資産）を販売する意味で資産販売型である。会計的には短時間かつ少額なので資産計上はしないものの、食材は調理されて付加価値を高めて顧客に移転されることになる。なお、ソフトウェアなどの無形資産を利用したサブスクリプションについては、無限かつ無形の資産の意味であることから、資産販売型ではなく資産活用型として検討する。

　「2．資産活用型サブスクリプション」は、製造業やサービス業にかかわらず、製造あるいは投資された資産が顧客に移転されるのではなく、その資産は企業側に残ったまま顧客が活用するビジネス形態である。なお、製造業の資産活用型は、サービタイゼーション[6]（製造業のサービス化：Product Service Systems：PSS）に相当する。また、上述のとおりソフトウェアなど

の無形資産を販売するビジネスはその販売数に限界がなく変動費が限りなくゼロなので、その場合は資産販売型サブスクリプションではなく資産活用型サブスクリプションとする。また、航空機、ホテル業、賃貸住居、レンタカーなど有限の資産活用型のサブスクリプションは、構築・購入または投資による資産活用型サブスクリプションとして整理する。

さらに、AppleのiPhoneやiPodなどのデバイスを販売した後の音楽や映像などのデジタル・コンテンツの利用サービスや、任天堂のSwitchの販売後のゲーム利用サービスなど本来はメーカーでありながらその後のサービスで収益を継続的にあげるビジネスである。他方、最近ではAmazon EchoやGoogle Homeのように本来はサービス業でありながら独自のデバイス（スマートスピーカー）を通じて顧客へ音楽やゲームなどのコンテンツを提供するビジネスが市場を席巻している。これらはプラットフォームビジネスであるが、１．資産販売型と２．資産活用型をハイブリッドした資産販売＆活用型サブスクリプションといえる。

さらに「３．資源消費型サブスクリプション」は資産をもとにするのではなく、主に人的サービスで行われるビジネスである。すなわち、人件費や業務委託費をもとに直接サービスされるビジネス・モデルである。派遣事務、床屋、マッサージ業や、会計士・税理士・弁護士など士業、コンサルティング、保育や介護なども資源消費型サブスクリプションである。ただし、訪問や派遣以外の一般的な資源消費型ビジネスは、専用の店舗や設備を利用してサービスが提供される。そのため、上述の「資産販売＆活用」の組み合わせと同様に、資源消費型サブスクリプションは「資産活用＋資源消費」型となることが少なくない。

このようにまず基本的ビジネス形態における機能を「見える化」しておく

---

6 サービタイゼーション（製造業のサービス化）とは、製品の販売の前にコンサルティングや教育サービスを付与したり、販売後にIoTを活用して遠隔操作による保守サービスを付与したりすることをいう。すなわち、製品のみの価値だけではなく、前後に製品とは直接的関係がないものも含むさまざまなサービスの価値の提供により差別化を図り顧客満足度を高めるもの、といった広い意味で適用されている。

ことが重要である。

2.1　資産販売型サブスクリプション

　モノの販売に関するサブスクリプションを整理する。例えば、自動車メーカー、家電メーカー、さらにはスーパー・コンビニ等流通サービス業や、コーヒーショップ等飲食業などもこの資産販売型サブスクリプションとして分類できる。製造業における製品の販売が定期的に繰り返して行われるサブスクリプション・ビジネスや、流通業や飲食業のようにサービス業であっても商品や食事などの有限のものを提供する資産販売型サブスクリプション・ビジネスである。

　資産販売型サブスクリプションでは、製品や商品の提供が繰り返される。例えば、ゴディバジャパンの毎月の定期的なチョコ配達便がこれに当たる。また、プリンターメーカーのインクやカミソリの替え刃で稼ぐジレット・モデル[7]は、本体の継続的使用に必要な消費材を継続的に購入させるビジネスであるが、それが定期的に繰り返し配送されることで、資産販売型サブスクリプションとなる。その場合、サブスクリプション型ジレット・モデルと称すべきビジネスとなる。

　また、レストランなどの飲食業はサービス業に分類されるが、料理や調理は製造業の開発・製造と同じである。飲食業のサブスクリプションのモデルは、定期的な食事の提供となる。最近では多く見かけるようになったコーヒーのサブスクリプションは、典型的な資産販売型サブスクリプションである。

　同様に、焼肉食べ放題も2時間以内の短時間での際限のない繰り返しビジ

7　ジレット・モデル（Gillette model）とは、本体を安価に提供して顧客を取り込み、その本体の利用に必要な消耗品で収益を稼ぐビジネス・モデルのことである。King Camp Gillette氏（1855-1932）が、カミソリの本体（ホルダー）部分を無料配布して、その替え刃を比較的高めの値段で販売することで成功をおさめた。そのことからジレット・モデルと呼ばれている。これまでプリンターや携帯電話等でこのモデルが採用されてきた。しかし、単にジレット・モデルという場合には、定期や繰り返しを意味するリカーリングとは無関係である。

ネスととらえると、やはり資産販売型サブスクリプションの1つと分類できる。しかし、焼肉食べ放題の場合は、どの顧客に対してもコストの事情等から画一的なサービスが機械的に提供されるので、十分な顧客情報の活用[8]までは行われていない状況にある。したがって、これまでの焼肉食べ放題はあくまでも短時間での焼肉食べ放題の常時リカーリング・ビジネスではあっても、資産販売型サブスクリプションではない[9]ものとする。

以上のとおり、資産販売型サブスクリプションは、物品を定額または従量課金等の仕組みを使って定期に販売するもので、顧客情報を活用してフィードバックまたはフィードフォワードに物品の改善と拡充や提供方法の最適化

図表1－10　資産販売型サブスクリプション・ビジネスの機能フロー

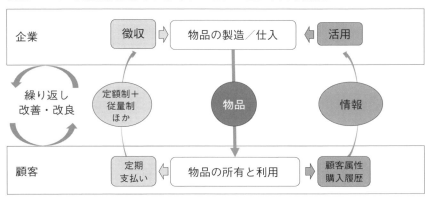

（出典）　筆者作成。

8　例えば、地域や年齢、性別、体格などによって、嗜好や量は異なり、顧客ごとの情報を活用することでより個々の傾向分析や食べる種類や量の予測ができる。情報を活用することによって、地域や顧客により魅力あるメニューや食材ごとの最適な量をダイナミックに変更しながら提供することも可能になるが、現状の焼肉食べ放題では短時間であることやコストの問題から行われていない。

9　焼肉レストランの牛角は、従来の2時間以内の焼肉食べ放題をサブスクリプションとは考えずに、1カ月以内に毎日1回の食べ放題プランをサブスクリプションとして提供した。現在までサービス向上の観点で見直しを重ねているが、少なくとも牛角では従来からある2時間単発での食べ放題プランをサブスクリプション・ビジネスとは考えていないのである。

を図るバージョンアップ型ビジネス・アーキテクチャとなっている（図表1−10）。

　また、資産販売型サブスクリプションでは、物品の原価すなわち変動費がかかることに注意する必要がある。資産販売型は、繰り返し販売するたびに製品の材料費や商品の仕入原価と変動販売費などの直接原価が追加的にかかる。そのため、サブスクリプションを定額課金とする際に直接原価を考慮する必要がある。すなわち、繰り返し数に上限を設けておかなければ、定額課金ではその直接原価をカバーできない可能性がある。

　図表1−11のサブスクリプションのCVP（Cost-Volume-Profit）図表（損益分岐点分析図表）に示すとおり、サブスクリプション販売個数分の限界費用である直接原価がかかるので、定額課金はそれ以上でなければ、資産販売型サブスクリプションを繰り返し行えば行うほど赤字が増える（固定費が回収できない状態であり、赤字垂れ流し状態）。すなわち、資産販売型の場合は限界費用である直接原価が存在するため、全体のサブスクリプション資産販売数の限界（最大販売数）を「定額課金÷物品（変動）原価」以内とする必要がある。

図表1−11　資産販売型サブスクリプションの損益分岐点

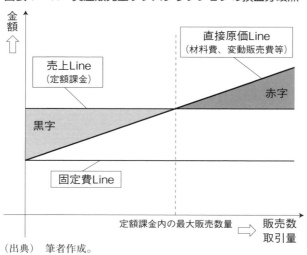

（出典）　筆者作成。

ただし、この販売限界数は全体からみた場合のものであって、単純に均一の（平均化させた）顧客別販売限界数を設定するわけにはいかない。なぜなら、定額課金内でほとんど利用しない顧客がいる一方、利用がきわめて多い顧客がいるからである。もっといえば、ほとんど利用のない顧客の未使用分まで利用している顧客がいると考えられる。

　そのため、顧客別の限界販売数を設定する場合には、顧客の属性や販売履歴をもとにしたセグメンテーションを行い、その顧客セグメントごとに予想販売数を計算して限界販売数に設定する。その仕組みは、銀行間の振込手数料が都度発生するネット銀行の無料振込限界数の設定の仕組みにみられる。ネット銀行ではサブスクリプションとは呼んでいないが、無料の定額課金で顧客属性をもとに無料振込限界数を設けている事例である。

2.2　資産活用型サブスクリプション

　資産活用型サブスクリプションでは、次の3つのタイプに分類できる。第1に製品や商品を販売せずにその製品や商品を利用してサービスを継続的に提供する「物品活用型」である。第2は、主にサービス業がシステムなどの資産を構築ないしは購入しそのシステムの利用サービスをサブスクリプションで行う「無限の資産活用型」である。さらに第3のタイプとして、ホテルや航空作業のように場所や施設など大規模に投資して得た資産を利用するサブスクリプションとして「有限の資産活用型」に分類できる。

(1)　物品活用型サブスクリプション（製造業、商品販売会社等）

　物品活用型サブスクリプションは、製造や仕入による企業の資産である物品（＝製品または商品）を顧客に移転（販売）するのではなく、その物品を通じてサービスのみを提供するビジネス・モデルである。製造業にとって、物品活用型サブスクリプションはサービタイゼーション（製造業のサービス化）手法の1つである。

　例えば、NECや富士通等のコンピュータ・メーカーが行うホスティング・サービスや、トヨタのKINTOやGMが製造した自動車を販売するのではな

く一定期間リースやレンタルして、その自動車を通じてさまざまなサービスを提供するビジネスがまさにこの物品活用型サブスクリプションに該当する。

　ただし、実際には上述の資産販売型サブスクリプションとこの物品活用型サブスクリプションは組み合わされて「資産販売＆活用型サブスクリプション」として提供されることが少なくない。資産販売＆活用型サブスクリプションは、製造業が製品を製造して顧客に販売するだけではなく、販売された後もその製品を通じて、コンテンツ等のサービスが提供され、顧客はそのサービスを活用する形態である。

　例えば、かつてAppleが開発・販売していた携帯型デジタル音楽プレーヤーのiPodや、任天堂のゲーム機Switchが相当する。iPodはそれだけではまったく意味がない。顧客はiPodを購入した後にiTunesやApple Musicを通して、好みの音楽を自由に聴くことができるのが価値である。顧客にとっては、iPodを所有することが目的ではなく、好みの音楽を聴くことが目的である。まさに、著名なマーケティング研究者であるレビットの紹介する逸話「昨年、４分の１インチのドリルが100万本売れたが、これは人が４分の１インチのドリルを欲したからではなく、４分の１インチの穴を欲したからである」（Levitt, 1969, p.3）のとおり顧客の真の要求に基づくビジネス・モデルといえよう。

　資産販売＆活用型サブスクリプションは、上述の資産販売型と物品活用型の統合モデルである。顧客への最初のデリバリの段階では、資産販売型サブスクリプションと同じく製品がそのまま顧客へ出荷されて顧客に所有されるとともに、その後は中長期的に顧客がその製造資産を利用する資産活用型サブスクリプションとなる。したがって、資産販売＆活用型サブスクリプションもサービタイゼーションに相当する。

　例えば、コマツのIoTによるビジネス・モデルである「スマート・コンストラクション」は、この資産販売＆活用型サブスクリプションによるサブスクリプション・ビジネスの代表的な事例である。実際には、IoT関連ニュースによれば、ICT油圧ショベルが数千万円で製品として提供されて、その後

は継続して毎月定額のスマート・コンストラクションサポートサービスの利用料が設定されたサブスクリプション・ビジネスが展開されている。

　AIスピーカーなどの商品を販売し、そのスピーカー（資産）を通して音楽を提供するサービスの組み合わせ型のサブスクリプション・ビジネスもこの資産販売＆活用型サブスクリプションである。AIスピーカーを販売しているのは、EC業であるAmazonや、検索サイト運営のGoogleといったネットを活用したサービス業である。サービス業である彼らが、AIスピーカーを製造し、それを販売している。それだけであれば、サービス業が一部で製造業を行ったかにみえるが、そうではない。主たる目的は、その販売した製造物を利用したサービスの提供にある[10]。資産販売はサービスの提供のための入り口にすぎないのである。

⑵　無限の資産活用型サブスクリプション（銀行、クラウド・サービス、ソフトウェア企業等）

　無限の資産活用型サブスクリプションでは、各顧客の要求に基づいてシステム開発されて運用される。そこから、顧客の要求に基づいてサービスの提供が行われる。この無限の資産活用型の場合には、変動費が限りなくゼロなので、顧客に繰り返しサービスの提供があったとしてもコストが増すことはない。したがって、定額課金を設定する際には、その定額課金で固定費を回収するというシンプルな考え方で価格を決定できる。予想される顧客の契約数と平均契約期間を想定し、それに定額課金を乗じることで、固定費をカバーできるかどうかによって企業全体の採算を予想できる。逆にいえば、定額課金を決定して全体の固定費をまかなうように顧客の契約数と平均契約期間を求め、それを目標に営業にまい進することになる。

　また、現状のビジネスでは資産を購入あるいは構築することなくクラウ

10　AIスピーカービジネスは、製品本体ではなく、その製品を利用したサービスの繰り返しによる定額のビジネス・モデルと考えれば、カミソリやプリンターのインクをサービスに置き換えたかたちのサブスクリプション型ジレット・モデルとみなすことができる。

ド・サービスを利用することで、最初の負担感が少なくビジネスの立ち上げ
も無理なく開始するケースが多くなっている。数百億から数千億円かかる銀
行の勘定系システム開発のケースでも、最近ではオンプレミス（社内保有・
自社運用）で構築するのではなく、クラウド・サービスを利用して勘定系を
構築する銀行も現れている[11]。オンプレミス型で構築された場合には3〜5
年間にわたって多額の減価償却費がかかるが、クラウド・コンピューティン
グの場合には定期的な業務委託費となる。つまり、オンプレミスからクラウ
ド・サービス利用になることで、会計的には3〜5年を超えて長く費用がか
かり続けることになる。

(3) 有限の資産活用型サブスクリプション（ホテル、航空会社、病院、フィットネスクラブ等）

　ホテルや航空機のように、サービス業が投資して購入あるいは建設・構築
した資産を利用したサブスクリプション・ビジネスがある。これらのビジネ
スは、有限の資産を数多く抱えており、それら資産にファシリティー・マネ
ジメントを適用しつつ効率よく活用して顧客サービスを行う必要がある。し
たがって、(2)でみた無限の資産活用型サブスクリプションではなく、有限の
資産活用型サブスクリプションとなる。

　一定の限界であるキャパシティまでは、追加的なコストなく顧客に提供可
能である。キャパシティを超えた場合には、新たな投資等が必要になり、一
時的にコストがかかる構造である。それよりも重要なことは、有限のキャパ
シティがあるために、定額課金とすると売上げに上限ができるという点であ
る。

　サブスクリプション契約をしている顧客全員が一度にホテルや同じ飛行機
を利用することはないかもしれないが、ある程度契約上限を想定しておく必

11　NTTデータが2000年代半ばから地域金融機関に提供してきた地銀共同システムは、
　　これまでオンプレミスで20行以上の銀行で構築されてきたが、最近ではクラウド型の勘
　　定系システムの提供も開始されている。他のベンダーではすでにクラウド・コンピュー
　　ティングで銀行業務を実現しているところもある。

図表1−12　資産活用型サブスクリプション・ビジネスの機能フロー

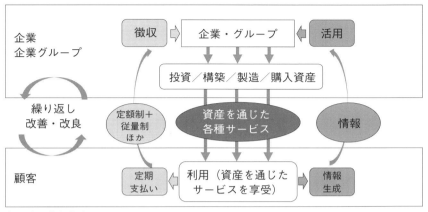

（出典）　筆者作成。

　要がある。高額の年会費を払ってサブスクリプション契約をしているにもかかわらず、満室ばかりで宿泊を予約できないとか、飛行機に乗れないなどとなると、大変なクレームになるばかりか、何より悪評のために解約が相次いだり、新規顧客が増えない可能性がある。したがって、サブスクリプション契約の最大許容値ならびに平均的な実効利用数について、これまでの顧客の利用履歴や景気や社会動向などの内外情報に基づいて統計的に予測する必要がある。

　さらに、価格によって需要をコントロールすることもできることから、ダイナミック・プライシングの適用もパラメータに入れて予測することも1つの方法である。ただし、ダイナミック・プライシングと定額課金を組み合わせる際には、一定期間のフリー化や課金値引き、キャッシュバックやポイント付与、もしくは顧客別に差別化されたダイナミック定額課金制などを検討することにもなる。

　以上のとおり、資産活用型サブスクリプションは、製造・構築・購入または投資した有限・無限の資産を活用したサービスを、定額課金等で、定期または常時に提供（または利用）するもので、顧客情報を活用してフィードバックまたはフィードフォワードにサービスの改善と拡充を図りバージョン

アップするビジネス・アーキテクチャとなっている（図表1−12）。

2.3 資源消費型サブスクリプション（コンサル、事務、理髪・美容、マッサージ等）

　資源消費型サブスクリプションは、主に人的サービスに基づくビジネスである。例えば、コンサルティング、派遣事務、理髪店の調髪やマッサージ等のサブスクリプション・ビジネスである。ただし、厳密には理髪店や美容院など施設を利用してサブスクリプションを行う場合は、この資源消費型と施設や機器などの資産活用型との併用サブスクリプションである。この資源消費型ビジネスをBPMNによって表記すると、図表1−13のとおりとなる。

　資源消費型サブスクリプションにおけるコストは基本的には人件費（固定費）である。そのため、サービスの都度変動費が発生するわけではないので、この資源消費型サブスクリプションはそのフィーにより固定費を回収する仕組みとなる。ほとんどが人件費とすれば業務をいかに数多く効率的に行うかがポイントとなる。

図表1−13　資源消費型サブスクリプション・ビジネスの機能フロー

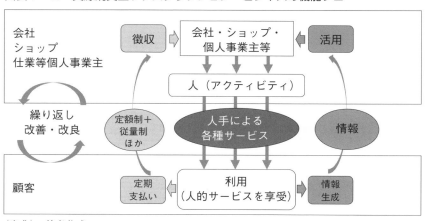

（出典）　筆者作成。

以上のとおり、資源消費型サブスクリプションは主に人的サービスを利用したサービスを、定額課金等で、定期的に提供（または利用）するもので、顧客情報を活用してフィードバックまたはフィードフォワードにサービスの改善と拡充を図りバージョンアップするビジネス・アーキテクチャとなっている。

3 サブスクリプション機能要件モデルと定義

前述のとおり、現在、ちまたにあふれるサブスクリプションはさまざまである。もともとのsubscriptionの意味からは変化しており、日本語化している「サブスクリプション」または「サブスク」は、ビジネス・アーキテクチャ（ビジネス・フレームワーク、またはビジネス・モデル）の意味にまで広がっている。単に定額課金のことや、○○し放題のような際限のないサービスのことをサブスクリプションと言い換えているものがある一方、従量課金契約や、サイクルが不定（定期ではない）のサブスクリプションも存在する。

従来、サブスクリプションをレベルアップ番号で整理しようとするアプローチが少なくなかった。例えば、「サブスク1.0」とか「サブスク2.0」のような分類方法である。しかし、現実に実践されているサブスクリプション・ビジネスをみる限り、サブスク1.0や2.0の（レベルの低いとされる）ビジネスがいまでも新たに開始されている。そのことから、単純な1次元でのレベルアップ表現でサブスクリプションのさまざまな形態を整理するだけでは十分ではないことがわかる。

本章でこれまでみてきたように、サブスクリプションとは多次元の機能要件を持つ「ビジネス・アーキテクチャ」として認識しておくことが重要である。わかりやすくいえば、サブスクリプション・モデルとは機能要件体系（機能フレームワーク）であり、各サブスクリプション・ビジネスとは各機能の内容が異なる実現例とする考え方[12]である。

そこで、前節までに検討したさまざまなサブスクリプション・ビジネスのパターンをもとに機能要件を整理する。具体的には、見える化されたサブスクリプション・ビジネスの機能を抽象化および汎用化することで、サブスクリプションの機能要件モデルを作成する。さらに、サブスクリプション機能要件モデルを他のサブスクリプション・ビジネスに適用してモデリング適合度を検討する。最後に、サブスクリプション機能要件モデルをもとに、サブスクリプションの定義を行う。

3.1　サブスクリプション・モデルの5つの機能要件

資産販売型、資産活用型、そして資源消費型のサブスクリプション・ビジネスそれぞれを見える化した機能の抽象化と汎用化を行い、サブスクリプションの標準的な機能要件を抽出する。結果は図表1−14のとおりである。

図表1−14　サブスクリプション・ビジネスの機能要件抽出

見える化 ▶	資産販売型	資産活用型	資源消費型 ▶	機能要件
何を	・複数の物品	・複数のサービス	・複数のサービス	(1)サービス・ドミナント型コンテンツ
いつ	・定期販売	・定期利用	・定期利用	(2)繰り返し機能
なぜ・根拠	・FB/FF（注）	・FB/FF（注）	・FB/FF（注）	(3)情報活用機能
いくらで	・定額等	・定額等	・定額等	(4)価格設定機能
どのように	・物品改善・拡充、提供方法最適化	・サービス改善・拡充、提供方法最適化	・サービス改善・拡充、提供方法最適化	(5)バージョンアップ機能

（注）　FB（Feed Back；フィードバック）、FF（Feed Forward；フィードフォワード）。
（出典）　筆者作成。

12　オブジェクト指向モデルでいえば、多次元機能の体系のサブスクリプション・モデルは必要な機能とその関係が記述された「クラス」に相当する。同様にさまざまな実施例であるサブスクリプション・ビジネスは各機能が詳細に記述された「インスタンス」に相当する。

それぞれの抽出された機能要件は、次のとおりである。

(1)　サービス・ドミナント型コンテンツ

サブスクリプションのコンテンツは、製品や商品を含む複数のサービスの組み合わせからなる。車のサブスクリプション・ビジネスを開始した企業広告にある「コミコミ（込み込み）サービス」というキャッチが、サービス・ドミナントをよく表している。

同じように、家具や家電のサブスクでは、メーカーを指定するのではなく、それぞれの製品が有する処理機能のレベルで選ぶようになっている。つまり、製品を選ぶのではなく、サービスを選ぶ仕組みになっており、まさにサービス・ドミナントである。

(2)　繰り返し機能

この繰り返し機能とは、定期的にサービスが循環するという、いわゆるリカーリング機能のことである。対する機能はアラカルト・サービスや、アドホック、ワンタイム・サービスである。リカーリングとサブスクリプションの違いは、使用量に基づく従量課金と、使用権に基づく定額課金の違いといわれることがあるが、それは間違いである。なぜなら、定額課金のリカーリング・ビジネスや、従量課金のサブスクリプションでもなんら問題なく、実務にも存在している。

リカーリングは、あくまでもサービスを継続的に繰り返すことであり、だからこそ結果的に収益が持続的にあがるという「繰り返しサービス」の仕組みである。対して、サブスクリプションはその他の機能要件を持つシステムであることから、サブスクリプション・ビジネスはリカーリング機能を内包しているとすべきである。すなわち、リカーリングはサブスクリプションの機能要件の１つであり、構造は「サブスクリプション∋リカーリング」となる。

(3)　情報活用機能

情報活用機能とは、顧客情報とその他外部情報の分析と活用である。顧客も含めて企業外の情報であり、またサービス提供後の情報であることから、

企業はあえてその情報を取得して分析したうえで改善活動に活用する機能である。サブスクリプションの場合は、サービスの企画・設計関連の部署に「フィードバックして改善活動を行う」だけでなく、リカーリング機能により次回（next time）にサービス提供（デリバリ）する際に「フィードフォワードで改善を施す」機能もある。

　もともとは、顧客情報をもとにマーケティングに活用するCRM（Customer Relationship Management；顧客関係性管理）があるが、CRMは一過性であってもかまわないし、サービス改善にどのように活用するかまでは明確になっていない。そういった意味で、サブスクリプションはCRM機能を内包しそれを改善活動に活用した体系と考えられるが、サブスクリプションはCRM情報を分析してフィードバックまたはフィードフォワードで改善し続ける機能であることが情報活用機能の特徴といってよい。

(4)　価格設定機能

　価格設定機能とは、一定期間内に課金される期間課金のことである。一定期間内の課金の根拠が期間すなわち時間とされる。実際の国内サブスクリプション・ビジネスでは、ほぼすべてに適用されるのは定額制あるいは定額課金となる。具体的には月次定額制となる。ただし、1商品サービス当たりの定額単位価格を期間内のサービス利用量に応じて適用する場合には、結果的には従量課金となることもある。

　富山の置き薬ビジネスは日本の伝統的なサブスクリプション・ビジネスであるが、薬を使用した分を支払う従量課金である。しかし、そもそも薬の在庫を家庭に確保しておくわけであるから、薬を家庭に届ける費用や、家庭に置いてしまうことで新たに購入させる機会収益を逸しており、経常的にコストがかかっている。しかし、顧客にとっては薬が配送され常備されていることには費用は不要で、使用した薬の量に応じた代金だけ払えばよい構造である。従量課金型サブスクリプションではなく、（無料の）定額課金サブスクリプションに従量課金を組み合わせられているビジネスといえる。それは、一般的なサブスクリプション実務の感覚にも合致する。

サブスクリプションの課金に関する機能要件は定額課金（無料を含む）が基本である。サブスクリプションでは従量課金は単独で行われるものではなく、サブスクリプションの従量課金とはあくまでも定額課金との組み合わせ（すなわち、ハイブリッド型）で存在する機能であり、課金機能の1つの具体例でしかない。

　また、顧客とサブスクリプション契約を締結するということは、企業にとっては持続的なサービス提供のためのコストや、顧客の課金や情報の活用・分析を繰り返し継続的に実行するための仕組みの構築や運用のためのコスト、すなわちコミットメント・コストがかかるのである。本来はそのコミットメント・コストをカバーするだけの定額課金を賦課すべきところ、中長期的な先義後利の意思で無料定額課金のサブスクリプションを行っているにすぎないのである。

　そこで、従量課金を設定するのは、コミットメント・コストに対してではなく、物品の材料費等の直接原価（限界原価）に対して設定すべきである。そのため、直接原価のかからない資産活用型サブスクのSaaSビジネスでは、ほとんどの実施企業で定額課金のみであって従量課金が設定されないのである。

(5)　バージョンアップ機能

　サブスクリプションの最大の特徴といえる機能が、このバージョンアップ機能またはアップデート機能である。バージョンアップ機能とは、提供する商品やサービスの内容のアップデートや、品質、種類、回数、デリバリ方法、提供速度（タイミング）などの改善や拡充、課金や決済方法に関する改善や変更などを行う機能である。バージョンアップ機能の根拠となるのが顧客情報であるため、バージョンアップ機能のためには情報活用機能は必須である。

　原価企画では改善活動が組み込まれているが、同じようにサブスクリプションにおいては主に顧客情報などをもとにしたサブスクリプション・ビジネスの改善活動がバージョンアップ機能に当たる。Microsoft 365やAdobe

のPhotoshopやAcrobatなどソフトウェアのサブスクリプション・ビジネス
であるSaaSを想定すれば、その場合のバージョンアップ機能は必須であり
前提となっていることが理解されよう。ソフトウェアでなくとも、物品販売
型、その他の資産活用型もしくは資源消費型のどのサブスクリプションにお
いても、このバージョンアップ機能によるサービス改善活動が重要な機能要
件である。

　さまざまなサブスクリプション・ビジネスは、以上の５つの機能要件それ
ぞれの機能内容（処理や業務内容）が具体的に設計し記述され実行されてい
るのである。逆にいえば、これら５つの機能要件のうち欠けているものが１
つでもあれば、サブスクリプションではない。例えば、繰り返し機能がなけ
れば単なる（一過性でもかまわない）定額ビジネスであり、情報活用機能が
なければ（企業から一方的になりがちな）定期販売ビジネスとなる。本来それ

図表１－15　サブスクリプションの機能要件

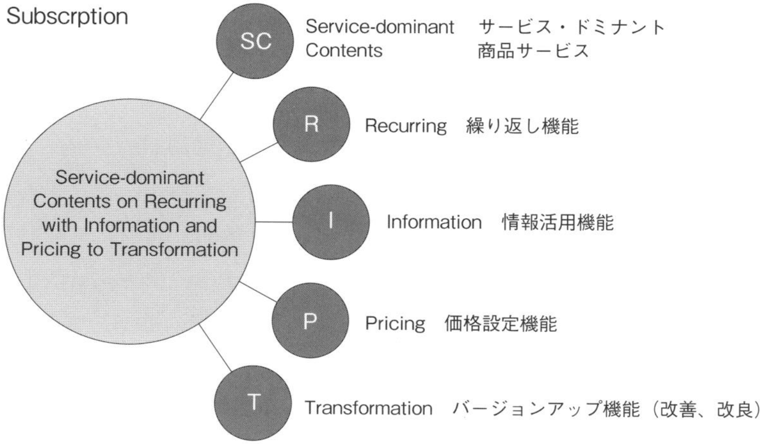

Subscrption

SC　Service-dominant　サービス・ドミナント
　　Contents　商品サービス

R　Recurring　繰り返し機能

I　Information　情報活用機能

P　Pricing　価格設定機能

T　Transformation　バージョンアップ機能（改善、改良）

Service-dominant
Contents on Recurring
with Information and
Pricing to Transformation

Subscription機能要件モデル式（SCRIPT）
：＝Service-dominant Contents×Recurring×Information×Pricing×Transformation
：＝SC×R×I×P×T（５つの機能要件を満たすこと）
（出典）　筆者作成。

らは、大昔からある定額制ビジネスや定期販売ビジネス[13]であってサブスクリプションではない。

この5つの機能要件は、図表1－15のとおり、ちょうどサブスクリプションのSCRIPT（スクリプト：台本・処理手順・プログラムの意）に頭文字をあわせて整理することができる。

3.2 サブスクリプション・モデルの検証

さまざまなサブスクリプション・ビジネスに対して、サブスクリプション・モデルの適合度を検討してみよう。まず、古今東西のサブスクリプション・ビジネスをモデルにあわせて整理した。さらに、終了したサブスクリプション・ビジネスや逆に伝統的なsubscriptionの意味であった定期購読や会員制に対する5つの機能要件モデルの充足度を検討する。

(1) さまざまなサブスクリプション・ビジネスのモデル検証

最初に、2010年代以降に発達したサブスクリプションに対して、サブスクリプション・機能要件モデルを当てはめて充足度を検証する。

図表1－16のとおり、現状のサブスクリプションと呼ばれるさまざまなビジネスについて、機能の見える化と抽象化により機能要件を明確にした結果、サブスクリプションの本質が明らかになった。すなわち、事業者にとってのサブスクリプションとは「サービス・ドミナントに基づくさまざまな商品サービスからなるコンテンツを、定額課金をベースに繰り返し継続的に提供しながら、顧客情報を分析・活用して持続的にサービスの改善を図りバージョンアップし続けるビジネス・アーキテクチャまたはシステム」と定義できる。

この定義によれば、顧客情報の管理と利用がなされないビジネスは、仮に定額課金や定期的な取引であったとしても、それはサブスクリプションとは

---

13 定期販売ビジネスは伝統的な（英語の）subscriptionの意味であるが、それを訳すとすれば定期購読や会員であって本書で定義する「サブスクリプション」ではないという意味である。

図表1－16　サブスクリプション・ビジネスの機能要件検証

ビジネス	ビジネスパターン	(1)商品サービス(Service-Contents)		(2)繰り返し機能(Recurring)	
定期購読（非オンライン）	物品販売(移転)型	商品（雑誌）	○	定期送付・配信	×
オンライン型定期購読	資産活用型	オンライン雑誌、新聞	○	オンライン常時無制限利用	○
定期配達（生協等）	物品販売(移転)型	注文商品（食料品、雑貨等）	○	定期注文受付・配達	○
オンライン・ニュース	資産活用型	オンライン・コンテンツと新聞	○	オンライン常時無制限利用	○
Spotify	資産活用型	音楽	○	複数コンテンツのなかから常時無制限利用	○
Netflix	資産活用型	動画	○	複数コンテンツのなかから常時無制限利用	○
Microsoft(Microsoft365)	資産活用型	表計算等事務用ソフト	○	複数サービスのなかから常時無制限利用	○
Adobe(Creative Cloud)	資産活用型	印刷製版写真編集等ソフト	○	複数サービスのなかから常時無制限利用	○
Amazon Prime	物品販売(移転)型、資産活用型	本、雑誌ほか物品、ビデオ・音楽、クラウド・コンピューティング	○	複数サービスのなかから常時無制限利用	○
DropBox	資産活用型	DB	○	複数サービスのなかから常時無制限利用	○
リース・レンタル	資産活用型	自動車・衣料・家具・家電等物品、建機、土地、建物ほか	×	貸しっ放し型	△
コマツ・スマートコンストラクション	資産活用型	デジタル・サービス(IoT)：ドローン測量、3次元データ作成、ローカライゼーション、勤怠管理・作業指示	○	自社ブルドーザーや油圧ショベル販売またはリースのオプション契約	○
KINTO	資産活用型	製品（自動車）、税金、自賠責・任意保険、メンテナンス、車検、故障修理、消耗品交換等各種サービス	○	複数の製品サービスを常時無制限利用	○
飛行機	資産活用型	座席	×	―	×

(3)情報活用機能 (Information)	(4)価格設定機能 (Pricing)	(5)バージョン アップ機能 (Transformation)	機能要件充足度 (＝SC・R・I・P・T)
決済情報	定額制（一定価格）	—	NO
利用履歴情報	定額制（期間課金または Free）	○	YES
顧客信用、嗜好、利用履歴ほか顧客情報	定額制（Free）＋従量課金（注文分）	○	YES
顧客信用、嗜好、利用履歴ほか顧客情報	定額制（期間課金または Free）	○	YES
顧客信用、嗜好、利用履歴ほか顧客情報	定額制（期間課金、＋フリーミアム）	○	YES
顧客信用、嗜好、利用履歴ほか顧客情報	定額制（月極め）	○	YES
顧客信用、嗜好、利用履歴ほか顧客情報	定額制（期間課金）	○	YES
顧客信用、嗜好、利用履歴ほか顧客情報	定額制（期間課金）	○	YES
顧客信用、嗜好、利用履歴ほか顧客情報	定額制（期間課金）＋オプション（従量課金）	○	YES
顧客信用、嗜好、利用履歴ほか顧客情報	定額制（期間課金）	○	YES
顧客信用情報	従量課金（契約の都度内容と期間に応じて課金）	—	NO
製品利用状況（IoT）、顧客信用、利用履歴ほか顧客情報	定額制（期間課金）	○	YES
顧客信用、嗜好、利用履歴ほか顧客情報や、利用状況情報（走行履歴、ドライブレコーダーその他IoT情報）	定額制（期間課金）	○	YES
—	従量課金	—	NO

ビジネス	ビジネスパターン	(1)商品サービス (Service-Contents)		(2)繰り返し機能 (Recurring)	
飛行機のサブスク	資産活用型	座席 座席指定＋受託手荷物など	○	路線限定・期間1カ月限定乗り放題パス	○
ホテル	資産活用型	部屋	×	―	△
ホテルのサブスク	資産活用型	部屋	○	複数の宿泊施設のなかから継続的に宿泊放題	○
賃貸マンション	資産活用型	アパート・マンション（住宅）	×	貸しっ放し型	△
賃貸のサブスク	資産活用型	アパート・マンション（住宅）	○	複数の物件のなかから賃貸し放題	○
カミソリ（ジレット・モデル）	物品販売(移転)型	物品（カミソリ）	○	繰り返し購入	×
カミソリのサブスク	物品販売(移転)型	物品（カミソリ）	○	定期配送	○
理容・美容サブスク	資源消費型	カット・美容	○	月間無制限	○
携帯料金（かけ放題）	資産活用型	通信・通話	○	複数サービスを常時（制限容量内自由利用）	○
電気、ガス、水道	物品販売(移転)型	電気・ガス・水道	○	常時利用可能契約	○
置き薬	物品販売(移転)型	商品（薬）	○	定期的在庫補充	○
JALグローバルクラブ、ゴールド・クレジットカード	資産活用型	ラウンジ利用・優先搭乗ほか優遇サービス	○	複数サービスのなかから常時無制限利用	○
牛角サブスク	物品販売(移転)型	商品（焼肉）	○	無制限消費（「月額定額で毎日食べ放題」）	○
コーヒーマニア	物品販売(移転)型	コーヒー、軽食	○	飲食サービスの毎日制限回数内利用	○
AOKIのサブスク	資産活用型	商品（衣料）	○	複数商品を制限回数内利用	○
東京ディズニーリゾート 年間パスポート（2020年末中止）	資産活用型	入園、アトラクション・サービス	○	複数サービスを無制限利用	○

(3)情報活用機能 (Information)	(4)価格設定機能 (Pricing)	(5)バージョン アップ機能 (Transformation)	機能要件充足度 (＝SC・R・I・P・T)
顧客属性、信用、利用傾向・履歴ほか顧客情報	定額制	○	YES
顧客情報	従量課金	△	NO
顧客属性、信用、利用傾向・履歴ほか顧客情報	定額制	○	YES
顧客信用情報	定額制（月極め家賃）	―	NO
顧客属性、信用、利用傾向・履歴ほか顧客情報	定額制	○	YES
―	従量課金	―	NO
顧客信用、嗜好、利用履歴ほか顧客情報	定額制	○	YES
顧客の好みのスタイル、利用傾向と履歴情報	定額制	○	YES
顧客信用、嗜好、利用履歴ほか顧客情報	定額制＋従量課金	○	YES
顧客信用・利用履歴情報	定額制＋従量課金	○	YES
顧客信用、病気の傾向、利用履歴ほか顧客情報	定額制（Free）＋従量課金（利用分）	○	YES
顧客信用、嗜好、利用履歴ほか顧客情報	定額制（年固定）	○	YES
利用履歴情報	定額制（月極め）	○	YES
顧客信用、嗜好、利用履歴ほか顧客情報	定額制（会員権方式）	○	YES
顧客信用、嗜好、利用履歴ほか顧客情報	定額制（月極め）	○	YES
利用履歴情報	定額制 （「1デーパスポート」）	○	YES

ビジネス	ビジネスパターン	(1)商品サービス (Service-Contents)		(2)繰り返し機能 (Recurring)	
ダイキン・サブスク	資産活用型	エアコン	○	設置、修理にかかる費用は不要（込み）、複数サービスのなかから常時無制限利用	○
小田急グループ・サブスク	物品販売(移転)型	飲食（そば、パン、コーヒー等）	○	期間内、3時間間隔で何度でも複数のグループ企業の飲食を利用可	○

（出典）　筆者作成。

区別される。その場合は、定額ビジネスや定期サービスと呼ばれる特定のビジネス手法のことであって、あくまでも企業側からみたものである。図表1−16で整理した機能のうち、課金方法や繰り返し方法という手段のみを取り上げたビジネスのとらえ方でしかない。それに対して、サブスクリプションは、特定の手段ではなく適切な商品サービス／繰り返し機能／情報活用機能／課金設定機能／バージョンアップ機能など5つの機能すべてを最適に統合化させた企業と顧客のエンゲージメントの仕組みといえる。すなわち、顧客にとってのサブスクリプションとは「さまざまなサービス・コンテンツを主に定額で繰り返し利用するためのエンゲージメント・ツール」と定義できる。

　また、リースやレンタルのように、特定の商品や製品に対するサービスの場合は、そのままではサブスクリプションではない[14]。リースやレンタルとサブスクリプションの違いの1つは商品なのかサービスなのかで区別される。サブスクリプションは、あくまでもサービスの本質である「所有（モノ）よりも利用（コト）」を重視するため、モノの持つサービスを提供する

---

[14]　レンタル・ビジネス業のなかには、レンタル・リースに加えてサブスクリプション・ビジネスを展開しているところもある。そのことから、実際の実務においても、レンタルとサブスクリプションは区別されていることがわかる。

(3)情報活用機能 (Information)	(4)価格設定機能 (Pricing)	(5)バージョン アップ機能 (Transformation)	機能要件充足度 (=SC・R・I・P・T)
顧客信用、嗜好、利用履歴ほか顧客情報	定額制（期間課金）	○	YES
顧客信用、嗜好、利用履歴ほか顧客情報	定額制（「定額制チケット」アプリ）	○	YES

サービス・ドミナントとなる。そのため、極論すれば、サブスクリプションを利用する顧客にとっては、モノ（例えば、ドリル）は何でもかまわないのである。それよりもコト（例えば、穴を開けるという体験）を求めているといわれる。

　ただし、サブスクリプションが登場するまでは、リースやレンタルしかなかったため、顧客は購入（所有）と同様の感覚[15]で製品（名）を指定して借りるしかなかった。サブスクリプションであれば、顧客にとっては「利用する」感覚が優先される。そのため、サブスクリプションでは製品（名）が特定されずに、常に最新のものを含めてサービスレベルを充足しうる複数の製品のなかから最適なものが利用可能（さらに交換、解約自由の設定も可能）である。

　次に、終了してしまったサブスクリプション・ビジネスに対してモデルの充足度を検証してみよう。

(2) 終了したサブスクリプション・ビジネスのモデル検証

　資生堂とAOKIホールディングスのサブスクリプションは、それぞれ開始後1年や半年で終了した。なぜ、両社とも終了せざるをえなかったのか。終了したケーススタディーとして、サブスクリプション標準モデルをもとに原

15　それが、新リース会計のすべてをオンバランス化させる背景になっている可能性がある。

因を分析してみよう。

a．資生堂のスキンケア・サブスク

　資生堂は2019年7月に月額約1万円のスキンケアの配合サービス「オプチューン」を開始したが、1年後の2020年6月に終了した。資生堂によれば、自宅に5種類の美容液と専用のIoT配合マシンが届き、スマートフォンのアプリで顧客が肌の写真を撮影するだけで、水分・皮脂・毛穴・肌理（きめ）、そして体内リズムなどを測定し、さらに、気温や湿度、紫外線、PM2.5などその日の環境データを自動収集し、クラウド環境でAI（人工知能）解析されて8万通り以上のパターンから、その人のその日の肌の状態にあわせて最適な配合で美容液がそのマシンで自動抽出されるサービスであった。さらに美容液は残量管理され毎月補充されるサブスクリプションにより提供された。しかし、満足度アンケートによれば、毎日の撮影のわずらわしさや、利用者にとっての効果がみえにくいなどの意見があり、目先の改善ではなく根本的に見直すべき課題として認識したとのことで終了することとなった。

　この資生堂のサブスクリプションは、その日の環境で一人ひとりの肌や体調にあった美容液を選ぶという専門的な知識を自宅に用意するという意味でサービス自体はきわめて画期的なものであった。ほかにはない商品、それが毎日利用でき毎月定期的に補充されること、そして肌や体調という利用者自身も言葉として認識していない最もセンシティブな顧客情報をフィードフォワードで商品サービスの内容と提供に利用するといったビジネス・アーキテクチャを実現するサブスクリプションである。

　このように、資生堂のスキンケア・サブスクは、前述したサブスクリプションの5つの機能要件、すなわち商品サービス／繰り返し機能／情報活用機能／価格設定機能／バージョンアップ機能をフィードフォワード・ループで統合化されたモデルとなっていた。何よりも、さまざまな顧客情報を活用してサービスが改善され進化していく先進的な仕組みであったことが特筆される。

それが、1年で終了したのは、失敗であったとの経営判断であろうか？否である。資生堂のホームページによれば、「皆さまからいただいたご意見をもとに、オプチューンの魅力をよりブラッシュアップし、お客さまにまたお会いできる日を迎えるべく、新たなサービスや商品の開発に活かしてまいる所存です。」とある。そのことから、商品サービスのより大胆な拡充や、より競争力のある課金方法、より手間のないスムーズな情報収集方法などメジャー・バージョンアップを行うべきと判断した結果と推察できる。おそらく終了せずに継続しながら目先の改善程度を行っていくだけでは商品魅力度が足りず、契約を伸ばせずに損益を維持できない（場合によっては赤字になる）と予測されたのである。

　すなわち、資生堂のサブスクリプションはもともと、顧客情報によるフィードバック／フィードフォワードを継続的に行うスパイラルアップのビジネス・アーキテクチャになっていたのである。資生堂のサブスクリプションは1年で撤退・終了したのではなく、顧客との関係性をより高度に進化させるための中断の過程であり、メジャー・バージョンアップの途中段階にあるのではないかと考えられる。

b．AOKIのスーツ・サブスク

　紳士服の製造販売を手がけるAOKIホールディングス（AOKI）は2018年、わずか半年前に始めたばかりのサブスクリプション・サービス「suitsbox」を終了した。AOKIがサブスクリプション・ビジネスの対象として想定していた20〜30代の若い世代の顧客を十分に獲得できなかったことが理由とされる。

　AOKIのスーツのサブスクリプションは、商品の魅力はともかく、そもそものスーツの需要自体が高くないので、結果として契約を増やせずに終了したというのが要因である。もともとのサブスクリプション導入の経緯はスーツの販売数が落ち込んだので、販売ではなく「利活用」することで収益を生むことを企図したものと考えられるが、何より想定以上にミレニアル＆Z世代の若者はスーツを着なくなっていたということであろう。

一般には赤字が続き採算性の問題が中止の理由といわれている。しかし、本来サブスクリプションとは顧客ニーズの変化に合わせて最適化するバージョンアップ前提のビジネス・アーキテクチャである。それにもかかわらず、たったの半年で中止したのは、モデルのフィージビリティ自体に問題があったのではないか。対象セグメントの利用者が少ないため、サブスクリプションのバージョンアップを行うための情報が継続的に集められず、十分に活用できなかったのである。

そのために、対象セグメント顧客に最適なサービスの改善を行うことが困難になり、サブスクリプションのスパイラルアップ型のループが滞ってしまったのが運用上の原因である。おそらく、サブスクリプション・サービスの提供をそのまま続けるよりはいったんはやめるべしと判断されたものと推察される。

(3)　**伝統的なサブスクリプション・ビジネスのモデル検証**

最後に、英語のsubscriptionの本来の意味である伝統的なサブスクリプション・ビジネスについて、機能要件モデルの充足度を検証する。検証対象とする伝統的サブスクリプション・ビジネスは、定期購読ビジネスと会員制ビジネスである。

まず、定期購読は単純に毎月雑誌が配達されるだけでは情報活用が十分ではなくバージョンアップもされにくい。すなわち、5つの機能要件の2つが従属されないことになるので、本書で定義するサブスクリプションではない。しかし、日経電子版やいくつかの雑誌のオンライン配信では、顧客の属性や記事の購読履歴情報などから興味ありそうな記事や関連する記事を優先表示したり、クリッピング機能の提供、関連する広告宣伝の表示を含むレコメンデーションなど、十分に顧客の情報を含むさまざまな情報をサービスの維持や改善に利用しながら、日々バージョンアップしている。すなわち、定期購読は伝統的なsubscription時代から2010年代以降はITやネット環境によって紙媒体の雑誌や新聞がデジタル・コンテンツとなってサービス・ドミナント化するとともに、顧客情報の活用により継続的なサービスの改善が可

能になったおかげで、サブスクリプションの機能要件モデルを充足できたのである。

2つ目の会員制ビジネスには、コストコやAmazon Primeなどがある。Amazon Primeについては、前掲図表1-7で整理したようにサブスクリプションの機能要件を十分に満たしている。それに対して、コストコの会員制は優先購買や割安感が中心であり、情報活用が十分に機能しているとは言いがたい。このため、伝統的なsubscriptionではあるものの、日本語でいう「サブスクリプション」には当たらないとみる。

4 サブスクリプションの定義　まとめ

ここで、以上の検討をもとに、サブスクリプションを定義する。もっとも、サブスクリプションの機能要件は同じだとしても、その定義は事業者側と顧客側で区別されるべきである。

まず、事業者側のサブスクリプション定義は「**サブスクリプションとは、サービス・ドミナントに基づくさまざまな商品サービスからなるコンテンツを、定額課金をベースに繰り返し継続的に提供しながら、顧客情報を分析・活用して持続的にサービスの改善を図りバージョンアップし続けるビジネス・アーキテクチャまたはシステム**」である。

他方、顧客側のサブスクリプション定義は「**さまざまなサービス・コンテンツを主に定額で繰り返し利用するためのエンゲージメント・ツール**」である。

なお、当初の無料期間の設定やフリーミアム戦略など「無料の定額課金」も可能であり、その場合は従量課金型と組み合わせた課金や有料のサブスクリプション・サービスが別途用意されていることが少なくない。また、食べ放題、視聴し放題、使い放題など○○し放題のサブスクリプションとは、この定義によれば、ごく短時間のインターバルのサイクルで継続的サービスが

提供可能なものとなる。そのため、SaaSビジネスのようにサービスごとに追加的に費用がかからない、すなわち直接原価（限界費用）がゼロの場合にのみ、○○放題系のサブスクリプションの適用が可能となることがわかる。

　最後に、図表1－17にあらためてサブスクリプションを定義し、サブスクリプションの機能要件モデル・イメージを示す。

図表 1 −17　サブスクリプションの機能要件モデル

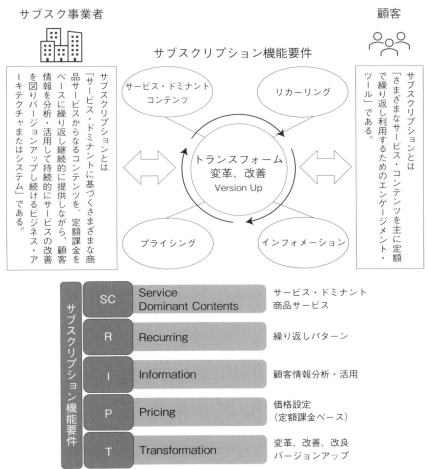

（出典）　筆者作成。

《参考文献》

Levitt, T. (1969). *The Marketing Mode: Pathways to Corporate Growth*, McGraw-Hill. 土岐坤訳（1971）『マーケティング発想法』ダイヤモンド社。

山原雅人編著（2018）『業務改革、見える化のための業務フローの描き方』マイナビ出版。

第 2 章

事業者と銀行にとっての
サブスクリプション

□ はじめに

　サブスクリプション・ビジネスを実施する企業や、その企業を支援・審査する銀行にとって、収益性や健全性さらに成長性を測る収益管理は最も重要な業務である。そもそも、サブスクリプション・ビジネスの収益管理は、一般のサービス業で行われるような「顧客からの要求に基づく都度の売り切り型の手数料で稼ぐ収益モデル（アラカルト・サービスフィーの収益管理）」だけではない。前章で明らかにしたように、サブスクリプション・モデルは「顧客の情報と価格設定ルールに基づいて持続的に商品サービス提供を繰り返すエンゲージモデル」であるが、サブスクリプション・ビジネスの実務では期間課金（定額課金）型の価格設定ルールが基本（または前提）[1]とされることがほとんどである。

　そこで、本章では定額課金型の価格設定ルールを持つサブスクリプション・ビジネスの収益管理（サブスクリプション・ビジネス収益管理）の特徴を明らかにすることで、一般のサービス業の収益管理との差異を明らかにする。その結果、少なくともサブスクリプション・ビジネス収益管理には、次の3つの特徴があることがわかる。

　第1に、サブスクリプション・ビジネス収益管理は「中長期マーケティング志向の収益管理」である。典型的なサブスクリプションは、当初の投資に基づいて中長期的に収益をあげるキャッシュフローとなる。そのため、収益性を計算するには将来キャッシュフロー割引現在価値による計算を行う必要があるが、将来の予想キャッシュフローによる損益LTV（Lifetime Value；生涯価値）の概念と計算が求められることになる。さらに、サブスクリプション・ビジネスの実務では、先行し成功事例の多いSaaS（Software as a

---

1　あくまでも期間課金型を基本料金として、そのうえにアラカルト・サービスフィーを組み合わせる形式（定額課金＋従量課金）の価格設定ルールを持つサブスクリプション・ビジネスはかなり多い。例えば、電気、ガス、水道や、携帯やスマートフォンのサブスクリプション・サービスに適用されている。それは、利用者間の公平性の確保と、企業側の想定限界量超のリスクを回避するためである。

Service）ビジネスに適用される顧客マーケティング指標である顧客生涯価値
（Customer Lifetime Value；以下「CLTV」）指標がサブスクリプション・ビジ
ネス収益管理一般に用いられることが多い。

　第2のサブスクリプション・ビジネス収益管理の特徴は「アクルー（ac-
crue）収益管理」となる点である。本章で対象とする一般的なサブスクリプ
ション・ビジネスの収益管理では「定額課金×契約期間」でサブスクリプ
ション収益が計算される。最もミクロな契約単位でみた場合の主たる収益の
影響指標（説明変数）は契約期間となるが、それは金融機関の資金収益管理
で行われるアクルー収益管理ときわめて親和性が高い。金融機関の資金収益
管理では期間中の貸出残高に応じた利息収益計算が行われ、それは典型的な
ストック型のアクルー収益管理である。ただし、モノのサブスクリプション
を定額課金で行った場合には、サービスに応じて変動費がかかることから、
収益直線が平行線となり、変動費直線が交わる特徴的なCVPチャートにな
る。金融機関においても資金収益以外にサービスのトランザクション数に応
じて手数料を徴求する役務収益管理があり、アクルー収益管理の資金収益に
トランザクションベースの役務収益を組み合わせている。サブスクリプショ
ン・ビジネスにおいても定額課金型だけでなく従量課金型を組み合わせて行
う場合には、まさに金融機関の収益管理に近くなる。

　最後に、第3の特徴としてサブスクリプション・ビジネス収益管理が全体
論（ホーリズム[2]）に基づく「ホリスティック・アプローチの収益管理」を
想定する点である。サブスクリプション・ビジネスは、サービス・ドミナン
ト・ロジック[3]のビジネス・モデルであるため、個別の商品やサービスで利
益を確保する「要素還元論の収益管理」では十分ではない。サブスクリプ

---

[2]　Holistic approachのホーリズム（Holism）とは、Smuts（1926, p.130）の提唱した用
　　語である。ホーリズムとは「（システム）全体は、それの部分の算術的総和以上のもの
　　である」とし、さらに「全体を部分や要素に還元することはできない」とする考え方で
　　ある。すなわち、部分部分をバラバラに理解していても系全体の振る舞いを理解できる
　　ものではないという考え方である。部分や要素の分解によりシステム全体を理解しよう
　　とする要素還元論と対立するものである。

ション・ビジネスにおいては、組み合わされた複数の商品やサービスの総計（ポートフォリオ）で利益を最大化するホリスティック・アプローチの収益管理が必要である。また、実際のサブスクリプション・ビジネスでは顧客全体で収益最大化を図る仕組みであることと、一般に中長期の複数期間で収益を拡大する仕組みとなることから、それぞれ"顧客全体"や"全期間"という全体論の観点で備わっており、そのことからも実務においては暗黙的かつ前提としてホリスティック・アプローチとなっているものといえる。

　本章では、以上の３つの特徴それぞれについてわかりやすく解説する。主にサブスクリプション・ビジネスを行う企業側の価値（企業価値）としての収益管理を整理することになるが、それは銀行の融資目線でもある。なお、サブスクリプション・ビジネスにおいては企業価値だけでなく顧客にとっての価値（顧客価値）や企業・顧客・そして社会でつくられる価値（共創価値）からみた収益管理を行う必要がある。そこで、顧客価値や共創価値については次章以降でまとめることとする。

1　中長期マーケティング志向の収益管理

　サブスクリプション収益管理の第１の特徴は、中長期で採算を管理する点である。サブスクリプション・ビジネスは、最初にある程度のサービス・キャパシティのある環境（資産）構築のための投資を行い準備する必要がある。会計的には、その投資と日々の運用費用が毎月の固定費となり、サブスクリプションの課金で回収される仕組みとなる。そのため、サブスクリプション・ビジネスは、いわゆる「先義後利」や利用主体であることから「先

3　さまざまな商品やサービスを組み合わせて、顧客に交換価値以上の利用価値と共創価値を提供する枠組みのこと。商品の交換価値の提供を主とするグッズ・ドミナント・ロジックに対するものである。

用後利」、もしくは「損して得取れ」の思想のビジネス・アーキテクチャとなる。

　特に、SaaSのビジネスを推進するに当たっては、同業界内で一般に適用される収益指標としてユニットエコノミクスがある。さらにいえば、SaaSは基本的にはサブスクリプション・ビジネスで実現されるため、サブスクリプションの収益管理ではユニットエコノミクスが最適と考えられる。SaaS以外のサブスクリプション・ビジネス全般へのユニットエコノミクスの適用方法や適合性については検討が必要であるが、SaaS型のサブスクリプション・ビジネスにおいてはユニットエコノミクスが収益継続に向けた経営指標の重要な１つであることはたしかである。

　ユニットエコノミクスは、CRMマーケティングで考案されたCLTVを用いて戦略的意思決定指標のPI[4]（収益性指標）によってWebの広告効果測定に適用されるROAS（Return On Advertising Spend；ロアス）をサブスクリプションの顧客単位かつ中長期の期間に適用させたものといってよいだろう。

　そこで、本節では、まずはユニットエコノミクスを構成するCLTV（顧客LTV）、CAC（顧客獲得コスト）およびチャーンレート（churn rate；解約率）から検討し、本節の最後にユニットエコノミクスを検討する。

1.1　顧客生涯価値；CLTV（Customer Lifetime Value）

　CLTV（Customer Lifetime Value；顧客LTV）とは、厳密にいえば顧客単位のNPV（net present value；正味現在価値）である。1988年にStoneとShawが上梓したDatabase marketing（Stone, M. and R. Shaw, 1988, p.136）で顧客生涯価値に基づくCRMデータベースによるセグメント・マーケティングとしてまとめられたものが最初といわれている。その際のCLTVの計測方法自体

4　PI（収益性指標）とは、投資に対する収益性を判断するための指標である。将来得られるキャッシュインフローの割引現在価値が当初の投資額の何倍になるかをみるものである。

は古くからある中長期の戦略的意思決定会計を顧客の単位に適用したものである。顧客からあがる将来のキャッシュインフローを推計し、当初の投資のキャッシュアウトフローや毎期の維持コストに伴うキャッシュアウトフローを差し引いて、期間別に現在価値に引き直しNPVを求める方法が基本である。

したがって、本来のサブスクリプションにおけるCLTVとはNPV法によるものであり、顧客が契約から解約になるまでのキャッシュインフローと、契約前の当該顧客に対する営業や広告宣伝にかかったコストからなる当初のキャッシュアウトフロー、さらに契約期間中の顧客サービスの維持コストによる毎期のキャッシュアウトフローをすべて現在価値に割り引き、損益計算することで算定される。すなわち、CLTVは厳密にいえばReturnだけではなく、当初の投資キャッシュアウトフローや期間中の維持コストが考慮されなければならないのである。時間価値を考慮せずに１期間でいえば、収益（売上げ）ではなく利益とすべきということと同じである。

しかしながら、実際にSaaSで適用されるユニットエコノミクスの算定式では、ほとんどの場合CLTVはキャッシュインフローのみが考慮されている。そうなると、ユニットエコノミクスとは戦略的意思決定指標であるPIの計算式と同等とみなすことができる。PIとは分子にキャッシュインフローの現在価値、分母にキャッシュアウトフローの現在価値をおいて除した指標だからである。ユニットエコノミクスを算定するためのCLTVは、厳密なLTV計算ではなく、"キャッシュインフローのみ"を割引計算されたものと考えるべきである。

特に、BtoCのサブスクリプションの場合は、マス向けのサービスとなるため、特定の顧客にのみ営業や広告宣伝を行うことはあまり考えにくい。ましてや契約後のサービスの維持のために特定の顧客にのみコストをかけることは多くない。したがって、BtoCのマス向けサブスクリプションを想定した場合には、当該顧客の新規契約のために追加的にかかる差額原価はゼロすなわち顧客キャッシュアウトフロー＝０とみなすことも間違いではないと考

えられる。ただし、気をつけなければならないのは、この顧客との取引を実行するに当たって追加的に獲得される差額収益（marginal revenue）のみを対象に意思決定会計の計算を行う必要があるということだ。

　以上をもとに、期間n、割引率（資本コスト）をr％として、CLTVを表すと次の式2－Aのとおりとなる。

　　　$\text{CLTV} = \sum_{t=0}^{n}(\text{顧客キャッシュインフロー}_t \div (1+r)^t)$　　　……式2－A

　さらに、顧客キャッシュインフローが一定の場合に、期間nを無限大（∞）にすると、等比数列の和の計算により、式2－Aを簡略化できる。これは、既存の契約は一定期間継続されるが、その間に新たな契約に順次置き換わり、それが繰り返されることによってほぼ永遠にビジネスが継続されることを前提としたものとみなすことができる。

　　　$\text{CLTV} = \text{顧客キャッシュインフロー} \times (1+r) \div r$　　　　　……式2－B

　また、顧客キャッシュインフローが一定で時間価値を考慮しない場合は、顧客の平均継続期間をTとすると式2－Cのとおりとなる。

　　　$\text{CLTV} = \text{顧客キャッシュインフロー} \times \text{平均継続期間T}$　　　……式2－C

　顧客の平均継続期間Tは、チャーンレートをもとに単純平均で計算すると以下のとおりとなる。

　　　平均継続期間T
　　　　　$= \sum_{k=0}^{n}(1-\text{チャーンレート})^k$
　　　　　$= 1 \div (1-(1-\text{チャーンレート}))$（∵n＝∞として等比級数の和）
　　　　　$= 1 \div \text{チャーンレート}$　　　　　　　　　　　　　　　……式2－D

　すなわち、平均継続期間Tはチャーンレートの逆数となる。その結果、式2－CのCLTVは次のとおりとなる。

　　　$\text{CLTV} = \text{顧客キャッシュインフロー} \div \text{チャーンレート}$　　　……式2－E

　なお、顧客キャッシュインフローが定額課金の場合は、式2－EはCLTV＝定額課金÷Crとなる。

　CLTVは1980年代にCRMマーケティングで考案され、いまではサブスクリプションだけでなく、ダイナミック・プライシングなどのレベニュー・マ

ネジメントにおいても適用が検討されることが多い。しかしながら、適用に当たっては次の３点についてよく認識しておく必要がある。

第１に、CLTVは顧客生涯価値であるものの、顧客にとっての生涯価値ではなく、企業側からみた顧客から得られると予想した生涯価値のことである。言い換えるならば、企業にとっての顧客別の収益計算にすぎない。CLTVが顧客生涯価値という日本語訳となるために、あたかも「顧客にとっての」価値の計算のように思われる可能性があるが、それはまったくの誤解である。あくまでも一般にサービス業で行われている「企業にとっての」（顧客単位の）収益計算であって、顧客にとっての価値を考えているわけではない。CLTVがCRMデータベースマーケティングから発生したことからも、あくまでも企業側が持つ顧客データベースとCRMデータベースで計算されるKPI指標の１つでしかないのである。

第２に、サブスクリプション・ビジネスのCLTVでは、式２－Eで示したとおり解約リスク等の不確実性を織り込む必要がある。すなわち、チャーンレートの推計がサブスクリプション・ビジネスのCLTVに大きく影響を及ぼす。変形された式２－Cをみれば、ダイレクトに解約率が影響するのは理解できよう。数学的な観点だけでなく、業務的な意味からいえば、サブスクリプションの収益は基本的には契約に基づいて継続的、定期的に顧客から企業へ計上されるものであるが、その期間がどのくらいかでCLTVが大きく変わるという意味である。

銀行の商品には定期預金や住宅ローンなどのように期限前解約リスクが収益性に大きく影響するものが昔から数多く存在する。銀行の場合には金銭信託契約書や貸出に関する契約書などに基づいて期間収益がほぼ確定されることから、契約期限が前倒しになると収益が減少しCLTVが下がることになる。逆に、後ろに伸びる延長や更改の契約が行われた場合には収益が向上しCLTVが増加する。第１章で、事業者にとってのサブスクリプションとは「サービス・ドミナントに基づくさまざまな商品サービスからなるコンテンツを、定額課金をベースに繰り返し継続的に提供しながら、顧客情報を分

析・活用して持続的にサービスの改善を図りバージョンアップし続けるビジネス・アーキテクチャまたはシステム」とした。その定義からも、顧客が契約後離反してしまい、持続できなくなる可能性が収益性のダウンサイドリスクであることは疑問の余地はない。

第3に、比較可能性と検証可能な収益の予想が容易ではない点があげられる。特に、株主や投資家などの外部から企業を評価する際に収益を推定することはきわめてむずかしい。ところが、予想される収益の微妙な増減の差異がCLTVに大きな影響を及ぼすこととなる。そのため、どうしてもCLTVを実践するには前提が多くなってしまい、それが実務上の現実的な課題となっているのはたしかである。

結局のところCLTV（顧客生涯価値）における顧客とは、「企業側からみた顧客の収益性」を測るものである。本来は、中長期の将来を想定していることからさまざまなリスクがあるわけであり、そのリスク分を割り引く必要がある。しかし、サブスクリプション・ビジネスのほとんどではCLTVの計算でリスクが考慮されていないケースが少なくない。その理由として次の2点がある。

1つは、中期の3〜5年程度の期間しか考えられておらず、さまざまなリスクの結果として解約率だけをとらえていればよいとされているからである。さらにいえば、もともと顧客の一定程度は解約されることを前提としており、その割合の想定でリスクを織り込んでいるとみなしている可能性がある。

もう1つは、このCLTVには厳密な精度の会計的な計測が求められていないということが考えられる。CLTVはもともとマーケティングの観点のものだったので、計測された会計数値の「絶対値としての正確性」よりも営業推進の可否判断を可能にするための「相対的な判断根拠となる正確性」のほうが求められた可能性がある。そのために、CLTVは概算でかつ概念的なモデルに位置づけられていることも否定できない。

以上のとおり、サブスクリプション・ビジネスを行う企業の経営陣だけでなく、外部の株主や投資家にとってもCLTVをもとにした収益管理はシンプ

ルでわかりやすく投資可否を判断しうるものである。その結果、新しくサブスクリプション・ビジネスを始めるスタートアップ企業にとって、資本を集めやすくするといった効果にもつながるのである。

　しかしながら、投資家目線で企業比較を行う場合には、いまのままリスクを十分に考慮しない収益管理では、競合各社の置かれている状況や戦略が同一であるとの前提に立ったものとなり現実的ではない。特に、サブスクリプション・ビジネスの場合は、顧客の解約リスクに至るさまざまなリスクを分析する必要があり、特に品質に関するリスク、企業のレピュテーショナルリスク、環境リスクおよびカントリーリスクなどのリスク・マネジメントコントロールが今後の収益性を大きく左右するといっても過言ではない。

　しかしながら、このようなリスクの計量化も行いながらリスク・マネジメントコントロールをかなり高度に実施できているのは銀行や商社などに限られるのが実状である。今後その他のサービス業においてサブスクリプションを適用する際に、リスク・マネジメントコントロールが必要となる可能性がある。少なくとも、サブスクリプションの特徴である定額課金は価格の固定化であり、国内外の競合他社の価格やコスト面の物価・資源・金利の変動などに対して（固定化）リスクとなるのはたしかである。

1.2　顧客獲得コスト；CAC（Customer Acquisition Cost）

　従来からSaaSビジネスのマーケティングにおいては、CAC（Customer Acquisition Cost；顧客獲得コスト）という指標が重要視されている。CACは新規顧客1人を獲得するためにかけるコストの意味である。この指標により、効率的に新規顧客が獲得できているかを知ることができる。CACは以下の式により算定される。

　　CAC＝顧客獲得にかかった総原価÷新規獲得顧客数　　……式2－F

　最近のサブスクリプション・ビジネスではWOWOWのように1顧客が複数の契約を行うこともありうるので、厳密には新規顧客獲得ではなく新規契約獲得とすべきである。しかし、SaaSビジネスで適用されるCACについて、

わかりやすさと肌感覚から同じ表現が踏襲されている。本書では新規契約獲得コストの意味でCACを使用する。

　CACを算定するには顧客契約獲得にかかった費用をすべて計上する必要がある。例えば、広告やキャンペーンなどのマーケティング費用だけでなく、理想的には営業活動にかかる人件費、交通費、IT費用、消耗品費その他経費すべての原価を集計すべきとされる。そのため、SaaSビジネスのマーケティング用語ではCACは、ペイドCAC、オーガニックCAC、ブレンデッドCACに分類される。

① **ペイドCAC（Paid CAC）**

　ペイドCACとは、広告宣伝費を支払って獲得することのできた新規顧客のCACのことである。企業が広告宣伝費をかけて、どれだけの利益が出たのかを判断する限界利益の算定に適用される。

　　ペイドCAC
　　　＝直接的に新規獲得した顧客契約に要したコスト÷直接的に獲得した
　　　　新規顧客契約数

② **オーガニックCAC（Organic CAC）**

　オーガニックCACとは、企業から直接的な広告宣伝費などをかけずに新規に獲得できた顧客に関するCACである。例えば、自然流入や既存顧客からの紹介・口コミなどである。特に最近のインフルエンサーのソーシャルメディアを通じた影響力は看過できないものがある。

　　オーガニックCAC
　　　＝間接的に新規獲得した顧客契約に要したコスト÷間接的に獲得した
　　　　新規顧客契約数

③ **ブレンデッドCAC（Blended CAC）**

　ブレンデッドCACは、オーガニックCACとペイドCACをあわせたCACである。ビジネス全体がどのような状態なのかを把握するにはブレンデッドCACを適用する。一般に、単なるCACという場合は、このブレンデッドCACを意味する。

ブレンデッドCAC

　　＝ビジネスにかかるすべてのコスト÷新規顧客契約獲得数

　　＝（ペイドCAC＋オーガニックCAC）

1.3　解約率；チャーンレート（churn rate）

　サブスクリプションにおけるチャーンレートとは、顧客の解約率や退会率、離脱率のことである。多くの場合、有料会員から無料会員へ切り替わった顧客もチャーンレートに入れる。継続型のサブスクリプション・ビジネスにとって、チャーンレートは最も重要な指標（KPI）である。マーケティング業界には新規顧客の獲得は顧客継続よりも５倍以上のコストがかかるという「１：５の法則」という経験則がある。つまり、継続率（リテンションレート）を落とさないようにするよりも新規獲得率を上げるほうが格段に費用がかさむのである。新規顧客の獲得に当たっては、顧客の埋没コストを超える必要がある。さらに、顧客の財政状況、地域性または競合他社の動向など外部のさまざまな要因のために、新規契約失注リスク（新規獲得できない確率）は高くなることはあっても低くなることはほとんどない。

　したがって、持続的に収益性を確保して経営を安定させるには、既存顧客のチャーンレートをいかに減らすかにかかっている。ただし、サブスクリプションを適用するビジネスの内容によっては、解約率を新規契約率で補う必要もある。したがって、KPIとしてみる場合のチャーンレートは、解約率に新規契約率で調整された比率とすることもある。

　チャーンレートは、次の式により算定される。ここでは、一般的なカスタマー・チャーンレート（customer churn rate；顧客解約率）で検討する。

　　カスタマー・チャーンレート

　　　＝期間中の解約顧客数÷期初の契約顧客数×100

　　　＝12カ月中の解約数÷期初（０カ月時点）の顧客数×100

　　　　　　　　　　　　　　　　　　　　　　　……式２－G

　なお、カスタマー・リテンションレート（customer retention rate；顧客維

持率）は、（１−チャーンレート）で算出される。また、式２−Ｄで示したとおりチャーンレートの逆数が顧客の平均継続期間Ｔとなる。

　なお、SaaS型のサブスクリプションの場合は、そのチャーンレートは３％未満が推奨される。それは、平均継続期間が33カ月以上、すなわち最低でも約３年程度継続されることを期待するものである。ただし、業界や商材によって平均継続期間が異なるのは当然である。

　なお、チャーンレートは顧客数ベースと収益ベースの２種類に大きく分かれるとする考え方もある。前者は上述した「カスタマー・チャーンレート（customer churn rate）」、すなわち顧客数ベースのチャーンレートである。単にチャーンレートと呼ぶ場合には、カスタマー・チャーンレートを指す。このカスタマー・チャーンレートをより厳密にみると、さらに２つに細分化できる。１つは顧客数ベースのものであるが、もう１つは契約数や口座数をベースとした「アカウント・チャーンレート」である。

　他方で、解約やダウングレードによって生じた損失金額で算出するチャーンレートを「レベニュー・チャーンレート（revenue churn rate）」という。レベニュー・チャーンレートは、（顧客数ではなく）収益ベースのチャーンレートである。「MRRチャーンレート（Monthly Recurring Revenue churn rate）」と呼ぶこともある。レベニュー・チャーンレートはさらに解約による損失額のみで算出される「グロスレベニュー・チャーンレート（gross revenue churn rate）」と、損失額だけでなく収益増加額も対象にされる「ネットレベニュー・チャーンレート（net revenue churn rate）」に区別されることがある。

　さらに、ネットレベニュー・チャーンレートがマイナスの場合には「ネガティブ・チャーンレート（negative churn rate）」と呼ばれることがある。ネガティブ・チャーンレートとは、アップセリングやクロスセリングによる利益が、解約による損失を上回っており、（"ネガティブ"ではなく）収益があがり良好な経営状態の意味となる。

1.4 収益性と健全性の指標：ユニットエコノミクス（unit economics）

　ユニットエコノミクスとは、CRMマーケティングで考案されたCLTVを用いて戦略的意思決定指標であるPI（収益性指標）によって、Webの広告効果測定に適用されるROAS（Return On Advertising Spend：広告宣伝費用対効果）を顧客単位かつ中長期の期間に適用させたものといえる。すなわち、ユニットエコノミクスはROASを中長期で収益を管理するPIと組み合わせて、SaaS型サブスクリプションに適用させたものである。

　ROASとは、広告宣伝費に対してどれだけ売上げとして貢献できているのかを表す指標である。ROASが高いほど、広告宣伝の費用対効果が高いことを意味するものである。逆に、ROASが低い広告宣伝については見直しの対象とされる。

　　ROAS＝売上げ÷広告宣伝費×100（％）

　また、顧客PIとは顧客の中長期にわたる生涯収益の現在価値とコストの割合のことである。

　　顧客PI＝顧客の生涯収益の現在価値÷生涯コストの現在価値

　以上より、ユニットエコノミクスは、ROASの広告宣伝費を顧客獲得コストとみなし、中長期の収益性の概念であるPIを組み合わせて次のとおりとなる。

　　ユニットエコノミクス＝顧客の生涯収益の現在価値÷顧客獲得コスト

　　　　　　　　　　　＝CLTV÷CAC　　　　　　　……式2－H

　このユニットエコノミクスがサブスクリプションの代表的な収益性指標（KPI）である。なお、目安としてCLTV÷CAC＞3（倍）といわれる。マーケティング的な根拠は、一般にCACの回収期間が12カ月、チャーンレート3％未満を満たす必要があるとされることと平仄をあわせるためである。もう1つの根拠は、会計的な観点から売上高販売費率とほぼ同目安であることからSaaSビジネスにおけるユニットエコノミクスの経験的目安とされてい

ることにある。

　例えば、ユニットエコノミクスの逆数は、会計期間中の売上高販売費率
（＝販売費÷売上高）と同様の指標である。サブスクリプション・ビジネスの
場合には、平均契約期間内に定額課金の合計を分母にして、同期間内に当該
顧客に対するCACすなわち契約単位の販売費を分子にしたものと考えるこ
とができる。この場合の販売費は新規獲得されるまでの費用なので、当初に
発生するがその後の平均契約期間内に継続的に発生するものではない。ただ
し、売上高販売費率は、当然ながら会計期間に基づいて計算されるのに対し
て、サブスクリプション・ビジネスでは平均契約期間で計算される。

　実際には広告宣伝費からなる販売費に本社人件費を含む販管費として財務
報告されるため、売上高販売費率のかわりに売上高販管費率でユニットエコ
ノミクスを検証してみよう。2020年の売上高販管費率[5]は全業種平均では
37.3％、情報通信業の場合には34.7％である。情報通信業の売上高販管費率
の逆数は2.9であるが、販売費のみとすれば3を超える。すなわち、売上高
販売費率の逆数とユニットエコノミクスが3より大が望ましいという基準が
同様の状態を示していることになる。もっとわかりやすくいえば、会計の売
上高販売費率の逆数をSaaSのサブスクリプションのマーケティング分析用
に中長期の契約期間で算出したものと考えられる。

　　　SaaSのユニットエコノミクス

　　　　＝CLTV÷CAC

　　　　≒売上高÷販売費（時間価値を考慮しない場合）

　　　　＝1÷売上高販売費率

　　　　＝1÷37.3％（∵情報通信業の売上高販管費率より）

　　　　＝2.9（⇒売上高販売費率＜37.3％なので、ほぼ3より大が目安となる）

　また、ユニットエコノミクスを期間に関する指標に変形すると次のとおり
となる。式2－Cより「CLTV＝顧客キャッシュインフロー×平均継続期間

5　財務分析専門サイト「ザイマニ」https://zaimani.com/に基づく。

T」であり「CAC÷顧客キャッシュインフロー＝CACの回収期間」なので、

　　ユニットエコノミクス＝CLTV÷CAC

　　　＝顧客キャッシュインフロー×平均継続期間T

　　　÷（顧客キャッシュインフロー×CACの回収期間）

　　　＝平均継続期間T÷CACの回収期間　　　　　　　　……式2－I

　以上のとおり、CLTVはCACの回収期間の3倍以上の期間で契約が継続されていれば、そのサブスクリプション経営が安定しているものと考えられる。期間でいえば1カ月のCACの回収期間の場合には、3カ月間のサブスクリプション契約の継続であれば健全経営の目安とされるということである。

　それでは、実際にサブスクリプション・ビジネスのユニットエコノミクスをみてみよう。ただし、新規の顧客獲得に使われた広告宣伝などの販売費及び管理費を特定して区別したうえで、実際の企業から取得するのは容易ではない。そこで、外部からマージナルの考え方でユニットエコノミクスを推定する方法を紹介する。具体的には、2つのフィットネスクラブAとBにおける入会キャンペーン情報をもとに限界ユニットエコノミクスの概算を計算する。限界ユニットエコノミクスを計算するに当たっては、意思決定会計の基本である差額原価収益分析を適用することになる。

(1)　**フィットネスクラブA**

　このフィットネスクラブAでは、入会キャンペーンで通常月額8,500円のところ入会金・登録料0円で3カ月間月額2,000円としている。ただし、入会後最低でも8カ月以上の在籍が条件となっている。

①　**金額のユニットエコノミクス**（CLTVとCACの金額割合）

　差額原価であるところのCAC＝（8,500円－2,000円）×3カ月＝1万9,500円である。それに対して、差額収益は最初の3カ月間で計6,000円（＝2,000円×3カ月）と、4カ月目から最低在籍期間の8カ月目までの計5カ月分の月額8,500円で4万8,500円となる。これは、概算値算定目的のために時間価値を考慮しなければCLTV＝4万8,500円とみなすことができる。すなわち、

CLTV÷CAC>4万8,500円÷1万9,500円=<u>2.5</u>≒3となる。最低8カ月以上の在籍でユニットエコノミクスはほぼ3となることがわかる。

② **期間のユニットエコノミクス**（平均継続期間と回収期間の比率）

平均継続期間÷CACの回収期間の比率でユニットエコノミクスを算定してみよう。CAC2万2,500円÷通常月額9,500円=2.4カ月（CACの回収期間）となる。最低在籍期間が8カ月をもとに、ユニットエコノミクスは（最低）継続期間÷CACの回収期間=8カ月÷2.4カ月=<u>3.3</u>…>3となる。

(2) **フィットネスクラブB**

別のフィットネスクラブBでは、2カ月間月額3,000円で入会キャンペーンを行っている。こちらのキャンペーンでは入会金5,000円はそのまま必要であるが、最低継続期間条件がない。また、通常の月額コースのうち最もリーズナブルなのは月額5,000円である。

① **金額のユニットエコノミクス**（CLTVとCACの金額割合）

CAC=（5,000円−3,000円）×2カ月=4,000円とすると、キャンペーン適用期間の2カ月で早々に退会したとすると、CLTVの時間価値を考慮しない概算値は入会金と2カ月分のキャンペーン適用月額の合計の1万1,000円となる。すなわち、ユニットエコノミクスはCLTV÷CAC>1万1,000円÷4,000円=<u>2.8</u>≒3となる。いつでも退会可能ということは最低2カ月以上在籍するので、保守的にみても在籍すればするほどCLTV金額は増えるので、ユニットエコノミクスは3以上になる。

② **期間のユニットエコノミクス**（平均継続期間と回収期間の比率）

ユニットエコノミクスを平均継続期間÷CACの回収期間で算定してみよう。平均継続期間を保守的に最低限の2カ月とする。通常の月額5,000円と入会金を2カ月間平均で2,500円であることから、CACの回収期間を求めると0.72カ月（=CAC4,000円÷（月額3,000円+2,500円））となる。すなわち、期間でみてもユニットエコノミクスは平均継続期間÷CACの回収期間=2÷0.7=<u>2.8</u>≒3となる。

2 アクルー収益管理

アクルー収益管理とは、発生主義ベースの収益管理である。時価ではなく期間をもとに収益計算されるものである。特に、金融機関の資金収益計算が代表的なアクルー収益管理である。決算時に経過勘定計算が必要になることが特徴である。一般的なサブスクリプションの場合は、月次の定額課金であるため、金融機関ほど複雑な経過勘定処理は必要ではないが、金額が大きい場合や、コミットメントラインのような課金方法をサブスクリプションに適用する場合には経過勘定処理を検討する必要がある。

2.1　アクルー収益管理とは

アクルー収益管理は、資産価値を時価主義ではなく期間損益で計算する意味でもある。そのため、アクルー収益管理と同様の課金制度をとるサブスクリプション・ビジネスは、サービスの収益管理を発生主義に変換するものともいえる。前章で明らかにしたように、サブスクリプション・モデルは前提としてリカーリング機能を持つため、会計期間でみた場合には発生主義で収益計算されるのが妥当である。

ただし、サブスクリプション・ビジネスでは収入のキャッシュフローは、毎月の定期課金とは無関係なサイクルで分割または合計された金額がキャッシュインされることが少なくない。そのため、会計期間でみた場合には、本来の会計処理に即した経過勘定処理が必要になる。

そうなると、キャッシュの在り高と発生主義に基づく収益管理とがずれる可能性がある。収益管理がプラスでも、実際にはキャッシュが入ってきていない状態も十分にありうる。その状態で会社の経営が危機となった場合には、いわゆる「勘定合って銭足らず（黒字倒産）」の状態が生じる可能性も想定されうる。それを避けるために、グループの連結会計では連結財務諸表の一部としてキャッシュフロー計算書が求められているものの、1つの企業の

サブスクリプション・ビジネスの状態までを十分に示すものとはならない。

　銀行の企業審査では、資金繰り表を作成する。内容は連結のキャッシュフロー計算書を融資対象の個別企業の単位で詳細に作成されるものと考えてよい。資金繰り表により、会計上の収益だけでなくキャッシュフローによる経営状態を確認しているのである。そのなかで、サブスクリプション・ビジネスの発生主義収益とキャッシュフローのギャップを調整する指標として、アクルーアル（accrual；会計発生高）がある。

　アクルーアルは、会計上の利益から営業キャッシュフローを差し引いたもの（金額）である。会計上の利益の質を見極める指標であり、当期純利益から営業キャッシュフローを差し引いて算出する。ギャップがない状態、すなわち利益分のキャッシュが十分にある状態では、アクルーアルは小さくなる。マイナスもありうる。逆に、利益があがっているにもかかわらずキャッシュインされていない状態、すなわち資金繰りが厳しい状態にはアクルーアルはプラスの方向へ大きくなる。

　アクルーアルは絶対値というよりも大きさが重要であることから、アクルーアルを総資産で除した指標であるアクルーアル比率が適用されることも多い。ただし、サブスクリプション企業に対しては、外部目線だけでなく当該企業内部での管理においても、このアクルーアル比率は有効である。

　さらに、サブスクリプション・ビジネスを行うスタートアップ企業などでは、当初の設備投資が大きくなりがちで、キャッシュアウトが大きくなり、会計的にも毎期の減価償却費が大きくなる。スタートアップ企業の多くは、一般に「ホッケースティック曲線」とか「Ｊカーブ」と呼ばれる収益曲線を描いて期間をかけて成長することになる。すなわち、サブスクリプション・ビジネスにおいては、１会計期間でコスト以上を回収するのではなく、複数期間で採算を判断せざるをえないのである。

2.2　金融機関の収益管理との親和性

サブスクリプション・ビジネスの収益管理はアクルー収益管理であること

は述べたとおりであるが、歴史的にアクルー収益管理を基本としてきたのが金融機関の特に銀行である。銀行における預金だけでなく、融資、消費者ローン、住宅ローンなどすべての資金に関するサービスの収益管理は、資金収益管理と呼ばれ、手数料ビジネスの役務収益管理と大きく区別されている。

　銀行の資金収益管理はアクルー収益管理そのものである。銀行の資金収益では残高と金利の２つと顧客数のパラメータによるアクルー収益計算に比べて、サブスクリプションの場合は定額課金が基本であり、それは残高×金利が一定であることを意味しており、顧客数の増減管理ですむことを意味する。そのため、銀行の資金収益管理よりもよりシンプルなアクルー収益計算が行えるのである。

　そうなると、資金に関するサービス（すなわち銀行の主たる預貸金サービス）だけでなく、一般のサービスにおいても資金収益管理がなされるようになったものがサブスクリプションといえるのではないか。一般のサービスのうち、特にデジタル関連サービス（例えば、SaaS）であれば限界費用が限りなく「ゼロ」ということもあり、資金にかえてデジタル・コンテンツという無形の情報に変換されて、定額課金によって特に利用状況に関係なく期間中の収益計算を発生主義で行っているものといえる。

　逆にいえば、銀行の資金収益管理は個別に金利や貸出残高（量）が異なり、資金自体のコスト（すなわち変動費）には日々変動する市場金利がかかるなど、複雑で大量の計算が必要である。さらに、銀行の場合には返済不能に陥るリスクが少なくなく、そのケースも多岐にわたることから、アクルー収益計算をする際に単純に未収収益（利息）を計上するだけではすまないのである。個別に顧客情報をもとに信用リスクを可能な限り精緻に計算して、アクルー収益計算のなかに組み込んでいる。

　それに対して、サブスクリプションの場合は、典型例を想定すれば、定額課金で、量も基本的には１契約となることから、かなり単純化することができる。しかし、サブスクリプションの収益管理が、単純化できるおかげで、サービスを提供する営業現場でのわかりやすさにつながり、顧客とのコミュ

ニケーションや営業推進に寄与しているのはたしかである。つまり、銀行の
ほうが資金があることが理由でもあるが、多様で複雑なアクルー収益管理な
のに対して、一般の資金以外のサービスにおけるサブスクリプション・ビジ
ネスではかなり単純化、簡便化されたアクルー収益管理が行われるといえ
る。換言すれば、サブスクリプションによって、企業の取引を金融の資金収
益管理と同様のアクルー収益管理に変換しているものと考えることができ
る。

　したがって、銀行の資金収益管理の仕組みは、一般的なサブスクリプショ
ン・ビジネスの収益管理に大きく参考になるものと考えられる。逆にいえ
ば、サブスクリプション・ビジネスの収益管理は目新しいものでも何でもな
く、金融業界ではかなり古くから当たり前のように行われてきた収益管理の
現代のサービス業向けの方法といえるのではないか。

　最後に、モノの、あるいはモノを伴うサブスクリプション・ビジネスの場
合はどうであろうか。製造業のサービタイゼーションなどもそうであるが、
サブスクリプション・ビジネスによりモノとサービスを組み合わせて提供す
るのは、サービス・ドミナント・ロジックによるビジネスとなる。その場
合、従来であればモノの価値の等価交換で収益管理されるところ、モノをあ
たかもサービスの1つとして扱うことになるので、そのモノを含むサービス
すべてがアクルー収益管理されることになる。すなわち、モノ自体の収益
（売上）を契約期間にならして回収する方法と考えることができる。

　銀行の業績管理は、少し前までは主に期間収益額で行われてきた。例え
ば、期末近くの3月1日に期間25年の住宅ローンを獲得できたとすると、帳
表上では1カ月分の期間収益しか計算されないので、何も申告しなければ、
本来25年もの間持続的に収益を生む契約を行ったにもかかわらず、1会計期
間のみの小さな業績しかあげていないように思われる可能性があった。その
ため、ある大手銀行の営業担当者が自分の業績をよくするために、期末まで
にほとんど全期間の収益があがるように無理にデリバティブを売り込むなど
したために金融当局から指導を受ける事態も発生した。サブスクリプショ

ン・ビジネスを行う企業の業績評価においては、銀行の例を他山の石として対応すべきと思われる。企業全体の単年度の収益をよくみせるために、そのような振る舞いが行われた場合には防ぎようがないが、そもそもそういった会社は持続的な成長や将来にわたる健全性の確保というサステナブルな経営を行う意思がないといえる。

(1) 資金収益管理とサブスクリプション収益管理の親和性

　銀行の資金収益管理と、サブスクリプション収益管理の計算内容を比較すると、どちらもアクルー収益計算となっていることがわかる。ただし、顧客数、残高、金利などの期中の増減については、実際には日足計算や経過勘定計算が必要になるが、ここでは同異のみを明確にするため、平均残高等の期中平均値はすでに計算されているものとする。

計算方式比較：

　　サブスクリプション収益計算

　　　＝平均顧客数×商品販売（利用）単価×販売（利用）量×期間

　　　＝商品販売（利用）単価×一定数量×平均顧客数×期間

　　　⇒期間内定額課金（一定）×顧客積数（顧客積数＝平均顧客数×期間）

　　金融機関の資金収益計算

　　　＝平均顧客数×（単位顧客）（期間内平均金利×期間内残高積数）×期間

　　　＝（単位顧客）（期間内平均金利×期間内平均残高）×平均顧客数×期間

　　　＝（単位顧客）期間内平均利息×顧客積数（顧客積数＝平均顧客数×期間）

ちなみに、売り切り型アラカルト方式は次の計算となる。

　　売り切り型アラカルト方式

　　　＝商品価格×商品販売量（⇒期間のパラメータなし）

(2) コミットメントライン型のサブスクリプションの可能性

　コミットメントラインとは、顧客企業があらかじめ銀行と契約した範囲内で自由に借入れできるという法人貸出の融資枠のことである。銀行は所定の審査が必要であり、当該顧客企業の財務状況や信用状況に応じて融資枠を決定し契約を結ぶものである。顧客企業は融資枠の範囲内であれば、都合の良

いタイミングで借入れや返済といった取引が実行できるもので、契約後の取引の際に原則として銀行は融資を断ることができない。ただし、このコミットメントラインの最大の特徴は、貸出額に応じた金利利息とは別に、コミットメントフィー（手数料）が必要な点である。そのコミットメントフィーは、次の式で計算される。

コミットメントフィー＝融資枠未利用金額×期間×手数料の料率

　　　　　　　　　　　　　　　　　　　　　　　　……式2－J

　顧客企業は貸出に応じた利息とは別にこのコミットメントフィーを支払う必要がある。すなわち、顧客企業は借入れを行っていない分（すなわち利用していない分：借入残の分：残りの枠分）に応じて手数料を支払う契約である。それは、コミットメントラインが保険的な意味合いを持つためといえる。顧客企業は緊急時の資金調達[6]が可能になるように、保険的にコミットメントフィーを支払っているわけである。

　また、逆にコミットメントラインを利用している企業にとっては、資金繰りが悪化しても、すぐに銀行から資金調達できる状態にあるという対外的なアピールにもなる。ただし、その分最初の審査が厳しく、また銀行は契約後の顧客の財務状況や信用状態について常に情報を収集する。その点は、前章でみてきたサブスクリプションの情報活用機能と同様である。

(3) 口座手数料や会費とサブスクリプションの親和性

　日本には、口座手数料（アカウントフィー：口座維持手数料）を設定している銀行はまだ存在しない。ただし、一定期間を経た休眠口座については管理手数料を徴収する仕組みとして設定する銀行が多くなっている。もともと、銀行口座は貸金の材料である預金を「してもらっている」感覚であったため、手数料を課すという意識が日本にはなかった。他方欧米では、顧客のお金を安全に管理し、瞬時に移動（送金）させるサービスを提供しているとの

6　新型コロナウイルス感染症の流行時に多くの大企業がコミットメントラインを活用した。例えばトヨタは約1兆円（2020年3月）、リクルートは約4,500億円（2020年4月）もの融資枠を要請して資金繰りが悪化する事態に対して保険的に備えた。

感覚でアカウントフィーが当たり前となっており、無料の場合は、「あえて無料にしている」という銀行側のアピールとなっている。

　以上の状況のため、信託系の銀行以外では国内の銀行で前向きの預金サービスのための収益としてアカウントフィーを設定するところはなかった。かわりに、振込み・振替え・入出金・時間外処理・現金処理などさまざまな取引サービスに、個別に手数料が設定されてきた経緯がある。サービスに対する日本と欧米の違いもあるが、SDGsの観点から今後はサービスに対する正当な対価という潮流にある。そのため、装置産業化して巨大な固定費ビジネスとなった銀行のアカウントフィーは、口座単位の定額課金とならざるをえないと考えられる。

　すなわち、ほとんどの銀行では数年以内には「銀行口座とは、その単位で定額課金によるさまざまなサービスの提供と顧客や口座情報を活用して継続的にサービス改善やクロスセル活動を繰り返すアーキテクチャ」とするサブスクリプションとなることが予想される。

2.3　サブスクリプション企業の経営分析

　銀行の融資においては、ROE（自己資本利益率）のデュポン分解式による経営分析は審査の基本である。サブスクリプション・ビジネスのROE分析はどのようになるのか検討する。

　ROEの計算式は、次のとおりである。

　　ROE＝当期純利益÷自己資本

デュポン分解式によると次のとおり分解できる。

　　ROE＝当期純利益率×総資産回転率×財務レバレッジ

　　　当期純利益率＝当期純利益÷売上高

　　　総資産回転率＝売上高÷総資産

　　　財務レバレッジ＝総資産÷自己資本

なお、第1項の当期純利益を変形すると、

　　　当期純利益率＝（売上高－固定費－変動費）÷売上高となる。

サービスを維持するためのコストを限界費用（変動費）とすれば、SaaSなどの典型的なサブスクリプションの場合には、限界費用が限りなくゼロである。その場合、当期純益率は（1－固定費÷売上高）となる。つまり、典型的なサブスクリプション・ビジネスの場合は、当初投資の減価償却費を含む毎期固定的にかかるコストよりも大きな売上高をあげるほど当期純利益率は大きくなることがわかる。

　また、サブスクリプション・ビジネスを行うスタートアップ企業においては、当初の総資産をもとにいかにROEを高めるかが経営課題となる。そのため、サブスクリプション・ビジネスの創業当初は、第2項の総資産回転率と第3項の財務レバレッジにおける総資産はほとんど変動しない。その場合には、総資産回転率を上げるには当期純利益率と同じく売上高を増やすことが何より重要であることがわかる。

　第3項の財務レバレッジについては、大きすぎる場合には毎期の財務負担により短期的な収益が求められる構造である可能性が高い。特に、サブスクリプション・ビジネス創業当初は顧客に浸透するまで時間を要し中長期的に低採算が続く可能性がある。AmazonやNetflixなどいまでは莫大な利益をあげるサブスクリプション成功企業でさえ、当初の十数年は赤字か、利益が出てもごくわずかという苦しい経営が続いた。それに耐えられたのは、自己資本で経営がまかなわれていたからである。日本の場合には、昔よりはましになったが、それでもまだ欧米に比べるとスタートアップ企業に対する株式投資環境は貧弱である。そのため、どうしても銀行からの融資に頼らざるをえず、多くの負債を抱えることになる。その結果、財務レバレッジは高くなるが、逆に中長期的に不採算の経営は許されず、短期に収益をあげる必要があるサブスクリプション・ビジネス指向せざるをえないのである。

　反対に、財務レバレッジの値が小さい場合には、安定的な自己資本を有しており中長期的にサブスクリプション・ビジネスを行える企業であると判断できる。そのため、財務レバレッジの小さいサブスクリプション企業こそ、財務的には安定していると考えられ、銀行にとっては融資すべき企業となる

可能性が高い。しかしながら、資本構成の変更には時間がかかるので、財務レバレッジは銀行融資の際には重要な経営基盤安定度の判断指標であるものの、企業経営にとっては中長期的な財務改善目標とすべきである。

このように、ROEのデュポン分解式でみると、サブスクリプション企業の収益性を高めるために最も重要なKPIは「売上高」となることがわかる。

ROE＝当期純利益率×総資産回転率×財務レバレッジ

＝（1－固定費÷売上高）×売上高÷総資産×総資産÷自己資本

時間に対して、固定費、総資産、自己資本は一定であることから、時間で微分すると以下のとおりである。

サブスクリプション・ビジネスのΔROE＝Δ売上高

すなわち、会社の構造や財務基盤を変化させなければ、総資産や自己資本は一定であるので、サブスクリプション・ビジネスにおけるROEの要因は、ほとんどが売上高と考えることができる。典型的なサブスクリプション・ビジネスがおおむね装置産業的で固定費を回収するビジネスとなることからも売上高向上が重要であることは明らかである。

さて、そもそもサブスクリプションにおける売上高を増大させるためには、顧客当たりの単位課金額を引き上げるか、期中の顧客契約積数を増やす必要がある。期中の顧客契約積数は「期初から継続する契約の解約を減らすこと」と「期中の新規契約を伸ばすこと」で増加する。サブスクリプション・ビジネスにおける顧客契約積数は、上述のとおり金融における最も重要なKPIである残高積数または平均残高と同じであることがわかる。

3 ホリスティック・アプローチの収益管理

3.1　ホリスティック・アプローチとは

サブスクリプション・ビジネスは、最小単位の要素に細かく分解して採算

管理する「要素還元論アプローチ」（element reductive approach）では、そもそも要素の原価以上に収益をあげる改善がむずかしい状況にある。特に、サブスクリプションの場合は定額課金が基本であるため、原価を要素に分解するのではなく全体で（あるいは総合的に）もろもろの原価の合計を回収する考え方が必要である。

　すなわち、都度取引の場合は、ABC（Activity-Based Costing：活動基準原価計算）によって要素に分解された原価の単位で低減を図り利益を確保するといった要素還元論アプローチで行われてきた。しかし、サブスクリプションの場合は、原価、収益やリスクを広く全体でとらえて総合的に利益を改善する「ホリスティック・アプローチ（Holistic Apploach：総合採算アプロー

図表2-1　要素還元論から全体論へ─総合採算化─

顧客グループで
採算管理

顧客の単位で
採算管理

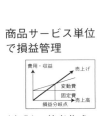

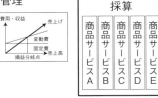

全体論（Holism）＝総合採算
＝サブスクリプション

商品サービス単位
で損益管理

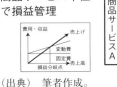

要素還元論＝個別採算
（Reductionism）

（出典）　筆者作成。

チ）」が必要である（図表2－1）。

　特に、価格決定や収益管理のベースとなる原価への取り組みにおける両アプローチの違いは次のとおりである。ABCの要素還元論アプローチによる固定間接費の原価に対する改善や効率化の取り組みは「原価改善型」である。他方、ホリスティック・アプローチでは、直接原価計算の貢献利益やスループット会計などと同様に「原価回収型」となる。図表2－2に例示するように、原価回収に当たりホリスティック・アプローチでは複数の商品サービスの収益で原価回収するといった全体最適化による総合収益やポートフォリオといった意味[7]もある。他方で、要素還元論アプローチは個別の商品やサービスにまで原価を分解するので、個別の商品サービスの単位で採算が管

図表2－2　要素還元論と全体論（ホリスティック・アプローチ）の採算管理の違い

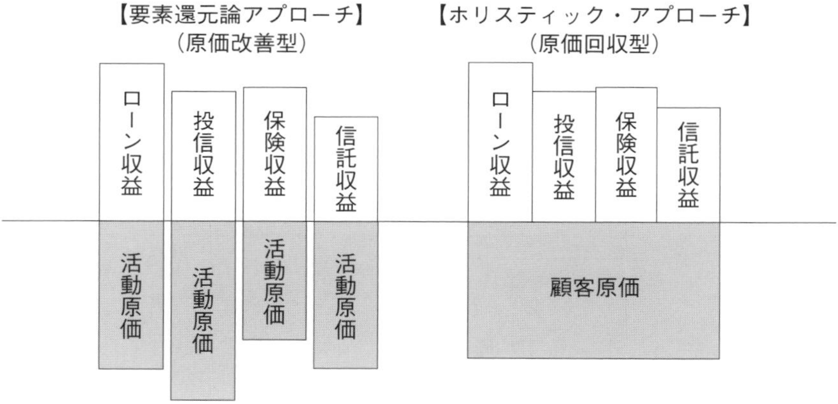

【要素還元論アプローチ】　　　【ホリスティック・アプローチ】
　　（原価改善型）　　　　　　　　（原価回収型）

（出典）　筆者作成。

7　原価企画についても、次の2つの特徴からホリスティック・アプローチの原価計算といえる。1つは原価だけではなく目標収益や目標利益の全体観から目標原価を算定する統合法はホリスティック・アプローチそのものである。もう1つは、田坂（2020, p.110）や梶原（2019, p.22）の指摘する個別商品最適化からコストを含む商品・製品・サービス群の全体最適化に変化している特徴にみられる。Horngren et al.（1994, p.665）も、トヨタのケンタッキー工場の原価計算が「マネージャーが個々のサブユニットの目標（例えば、個々のワークセンターでの機械稼働率の向上）ではなく、工場全体の目標（販売台数）に集中するようにする」ものとして指摘している。

理されることになる。

3.2　サブスクリプションの損益分岐点分析

　顧客数は一定で、定額課金のサブスクリプションを想定したとき、取引量
（すなわち操業度）に応じて、総原価と貢献利益は次のとおりとなる。

　　総原価＝変動費率×取引数＋固定費

　　貢献利益率＝貢献利益÷売上高

　　　　　　　＝（売上高－変動費）÷売上高

　　　　　　　＝１　（限りなく変動費がゼロの場合）

　つまり、限界費用が限りなく「ゼロ」のサブスクリプションは、取引数に
対して貢献利益率＝100％のビジネス・モデルともいえる。すなわち、限界
費用が低い場合に、適用しやすいビジネス・モデルである。そのため、限り
なく「ゼロ」に近いソフトウェア産業がSaaSとしてクラウド・サービスで
提供する方式とするのが一般的になりつつある。

　典型的なサブスクリプション・ビジネスの場合には定額課金制をとってい
るため売上高が単位契約当たり操業度に対して一定になるものの、顧客契約
数に対して比例する。原価については、SaaSなどのデジタルビジネスでは
限界費用がほぼ「ゼロ」でかなり大きな固定費で構成される。

　取引数ではなく契約者数（加入者数）をもとにした図表２－３のCVP図表
に示すとおり、限界費用がほぼ「ゼロ」のサブスクリプション・ビジネスで
は、契約単位当たりの定額課金に契約数を乗じて算出される売上額が期間内
の固定原価と一致するのが損益分岐点となる。

　図表２－３より、限界費用がほぼ「ゼロ」のサブスクリプションの損益分
岐点における最低契約者数は以下の式より概算ではあるが容易に計算でき
る。

　　（損益分岐点における）契約数＝期間内の固定原価

　　　　　　　　　　　　　　　÷契約単位当たり定額課金額

　すなわち、デジタルビジネスのサブスクリプション企業の営業経費を、公

図表2−3 限界費用がほぼ「ゼロ」のサブスクの損益分岐点

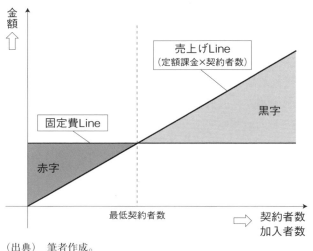

（出典） 筆者作成。

表されている課金額で除することで最低契約者数が概略計算できる。Netflix
を計算すると2021年度時点の最低価格のベーシックプランでは月額課金8.99
ドル（年107.88ドル）、2021年度の営業経費は235億300万ドルなので、最低契
約者数は約2億1,800万件となる。2021年度の有料会員数は約2億2,100万人
強なので損益分岐点を超えており、最低価格プランであっても採算がとれて
いることがわかる。契約数が増えれば増えるほど利益があがる構造[8]であ
る。

　したがって、限界費用がほぼ「ゼロ」のサブスクリプション・ビジネスの
場合には、契約数を維持することが何より重要となるのである。Netflixの
場合は、オリジナル映画やドラマを作成したり、ゲームをコンテンツに加え

8　Netflixではこれまでは加入者数増加のためのサービス・コンテンツの投資や開発を
　行ってきたが、2022年に入ってから加入者数増加が鈍化したため、料金の値上げに踏み
　切っている。ベーシックプランは8.99ドルから9.99ドルに値上げしたことにより、単純
　計算では損益分岐点契約数（最低加入者数）は1億9,600万人まで下がることになる。

たりして固定原価を超える利益の範囲内でコストをかけて契約維持率を高め
ようとしているのである。そのおかげで、Netflixの2021年度の損益分岐点
比率は約79％となり健全性が保たれている。

　他方で、物品を伴うサブスクリプション・ビジネスでは限界費用（すなわ
ち直接原価）の管理が重要になる。限界費用が無視できないサブスクリプ
ション・ビジネスの場合は、図表２－４のとおり、操業度である販売数や取
引量を横軸とした場合のCVP図表となる。図表２－４のとおり、一般的な
CVP図表における売上げと原価の関係が通常のビジネス・モデルとは反対
の様相を示す。つまり、一般的なビジネスと異なり、損益分岐点より左側に
ある場合（すなわち操業度は少ない場合）に利益が高まり、右側にある場合に
は損失が増す。限界費用が発生するサブスクリプション・ビジネスの場合
は、あたかも操業度と利益は逆相関の関係となることがわかる。

　すなわち、限界費用が発生するサブスクリプション・ビジネスでは、販売
数や取引量に限界値（キャップ）があるということになる。サブスクリプ

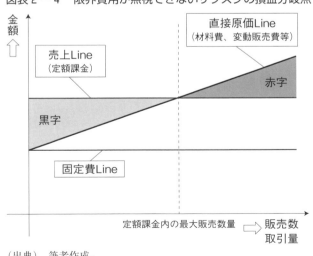

図表２－４　限界費用が無視できないサブスクの損益分岐点

（出典）　筆者作成。

ション・ビジネスのマネジメントでは、そのキャップのなかで、ホリスティック・アプローチに基づいてポートフォリオ管理やファシリティー・マネジメントを適用する必要がある。

4 事業者と銀行視点によるサブスクリプションまとめ

　本章では、サブスクリプションを推進する事業者と当事業に資金提供する銀行の視点から検討した。その結果、次の3つの特徴を明らかにした。

　第1に、中長期のマーケティング志向で収益をみる必要性を説明した。特に、SaaSの代表的な経営指標であるCLTV、CAC、チャーンレートおよびユニットエコノミクスの理論や適用方法を解説した。

　第2に、サブスクリプションの収益管理は銀行の資金収益管理と同様のアクルー収益管理である点を明らかにした。そのため、銀行の平均残高管理や、経過勘定処理およびコミットメントラインの仕組みが参考になる。

　第3の特徴は、サブスクリプションは、要素還元論アプローチでみるのではなく、複数の商品やサービスの総合力やポートフォリオによるホリスティック・アプローチで設計・提供・測定および管理される必要性を明らかにした。

　まとめると、事業者や銀行にとってのサブスクリプションは、都度の売買により"商品損益"を高める戦略（商品販売戦略）から、中長期かつ広範囲に関係を構築して継続的にサービスを提供することにより"期間損益"を高める戦略（関係性構築戦略）に移行する意味を持つ。そのため、サブスクリプションの適用にあたっては、短期的な利益追求よりも持続可能な社会の構築を目指した中長期安定的な事業を行う覚悟が求められるのである。

《参考文献》

Horngren, C.T., G. Foster and S.M. Datar（1994）. *Cost Accounting: A Managerial*

Emphasis. 8th edition. Englewood Cliffs, NJ: Prentice Hall.

Smuts, J.C.（1926）. *Holism and Evolution*. Macmillan and Co. Limited.

Stone, M. and R. Shaw.（1988）. *Database marketing*. Aldershot, Gower.

Tanimori, M.（2018）. Relationship-Based Costing. *Jounal Of Internatinal Business and Economics*. 18⑶：pp.39-50.

梶原武久（2019）「マスカスタマイゼーションの実現と戦略的コスト・マネジメント：マツダ株式会社のモノ造り革新からのレッスン」『原価計算研究』43⑴：pp.19-30。

田坂公（2020）「変革期にある原価企画―その未来像の考察」『会計・監査ジャーナル』777：pp.107-115。

谷守正行（2022）「銀行原価計算の変化に基づく間接費配賦の再考―ホリスティック・アプローチのキャパシティ推定型原価計算―」『管理会計学』30⑵：pp.27-42。

第 3 章

顧客にとっての
サブスクリプション

　顧客にとってサブスクリプションによるサービスとは、契約期間内であれば「定額でいつでも好きな時に、好きなものを、好きなだけ自由に利用できる」というイメージがある。ソフトウェアや音楽・映像等のデジタル・コンテンツを利用する際には、いまではサブスクリプション・サービスが一般的である。最近ではデジタル・コンテンツだけでなく、自動車、家電、家具、タイヤ、化粧品、洋服、腕時計等さまざまな業界にサブスクリプション化の波が押し寄せている。

　しかしながら、現状のビジネスでの利用や検討が活発になっているにもかかわらず、いまのところ、学術的に顧客にとってのサブスクリプションの価値を研究したものはほとんどない。それは、サブスクリプションの仕組みが主にマーケティングのビジネス・モデルの1つとされるためであろう。

　そこで本章では、サブスクリプション・モデル（Subscription-Model）に基づく価格設定ロジックを管理会計の観点から述べる。これまでの管理会計技法による価格設定ロジックの先行研究に照らして、サブスクリプション・モデルによる価格設定の特徴を明らかにし顧客にとってのサブスクリプション価値を理論化する。最後に、実際の企業にサブスクリプション・モデルを適用して妥当な価格をシミュレーションする。その結果、サブスクリプション事業者と顧客との価値共創関係を明らかにする。

1　価格設定に関する先行研究

　事業者にとってではなく、顧客にとってのサブスクリプションの研究が直接的に行われているのはほとんどない。そのなかで、サブスクリプションの機能要件の1つである定額課金に着目した先行研究はある。

　例えば、課金方式のバリエーションとしてマーケティングの観点から守口

（2012）がサブスクリプションを定額制として研究している。当時はまだサブスクリプションとは呼ばれずに、定額制として音楽配信サービスや時間制の食べ放題、飲み放題のビジネスが紹介されていた（守口 2012, p.6）。また、Simon（2015, pp.227-230）も定額制料金の消費者心理への正の効用を行動経済学により説明している。最近では、上田（2021, pp.213-245）が、サブスクリプションを昔からの定額制の見直しとして、さまざまな事例を分類し紹介している。

　管理会計においては、特に定額課金の価格設定研究はこれまで行われていない。広く管理会計における価格設定の研究ではHaris（1948）、Horngren（1977）、Shillinglaw（1961）、青木茂（1959：1964；1965）、溝口（1964；1976）、櫻井（1977；1978；1980）等をはじめとして、国内外で直接原価または全部原価に基づく価格設定方式（コストベースの価格設定）が主に研究されてきた。マーケティング的観点での市場メカニズムによる価格設定については、例えばHorngren（1977）やHorngren et al.（2002）において概要や影響について指摘されているものの、理論化の課題は残されているように思える。

　以上のとおり、これまでの管理会計研究における価格設定は、市場メカニズムの重要性は指摘されてきたものの、主にコストベースの設定ロジックを中心に研究されてきた。それは、当時が高度成長期に当たり企業は製品をつくればつくるほど売れる時代であったからではないかと推察される。しかし、現在ではバブル経済が崩壊し長期のデフレーション経済が続き、その間にIT化やグローバル化にさらされ、かつ顧客ニーズの多様化やパーソナル化が進み、企業はコストベースの価格設定だけではまったく競争力が高まらない状況に陥っている。

2 サブスクリプションの顧客価値

2.1 顧客にとってのサブスクリプション価値

　利用者である顧客にとってのサブスクリプションの価値は以下の7点ある。第1に**初期投資や更新費用が軽減**される。期限付サービス利用モデルのサブスクリプション契約によって、利用企業はハードやOSの初期投資負担を軽減でき更改リスクが遮断される。そのため、創業にともなう大きな投資もなくすぐに事業を始めることができるうえに、安定継続的にサービスを利用できる。その結果、経営スピードが相当に高まるだろう。サブスクリプション・サービスには、一般に最新バージョンへのアップグレード作業や、新機能・オプション機能の提供、テクニカルサポート、トレーニングなどが含まれ、バージョンアップや機能追加による最新のテクノロジーを追加費用なくすぐに取り入れられるので、顧客にとって費用対効果は高いと判断される。

　第2に、**資産を大きくすることなくサービスを利用**できる。すなわち、資本や負債を増加させる必要がない。顧客にとって重要なことは、資産を保有することではなくサービスをすぐに利用することにあるので、顧客満足度は高い。また、資産化されないので「お試し」が可能である。特に、法人顧客にとっては収益性に変化がない場合にROA（総資産利益率）やROE（自己資本利益率）の低下を防ぐことができる。

　第3に**コストの安定化**が図られる。契約期間内は変動的支出から固定的支出となるので、予想外のコストが発生せず予算管理が行いやすくなる。戦略や経営計画の策定と実行においては、限界利益をあげるほうに注力するようになるので、シンプルでわかりやすく強力になる。それによって、今後の日本経済成長に向けて、コスト低減よりもコスト回収による収益向上に向かうことも期待できる。

　第4に**一定回数以上は利用するという**取引促進インセンティブが働くよう

になる。定額課金の場合には、従量課金で取引した場合の価格と同額かそれ以上の回数までは利用しなくては損のような意思が働く。スマートフォンのかけ放題やパケットし放題の明細書にある参考の従量課金金額が、例えば毎月の定額料金6,000円よりも高い1万円だったとすれば「お得感」を得られるのではないだろうか。その結果、6,000円を超える回数分までは利用しようとするインセンティブが働くことになる。もしも従量課金で契約していたとしたら6,000円までもかけたくないと思い、ほとんど利用しないようなインセンティブが働くことになる。

第5に、顧客は商品を専門家に選んでもらえたり、個別のレコメンデーション（推奨商品サービス）や専門的コメントが得られたりするなど**より個別のきめ細かいサービス**が期待できる。SNSなどキュレーション機能を活用することによって、自分にとって最適な商品を購入することが可能になり、商品購入に失敗することが少なくなる。

また、顧客にとって**SDGs達成への貢献**も期待できる点が第6のメリットである。サブスクリプションが所有ではなく利用の仕組みであることは述べたとおりである。シェアリング・ビジネスの1つといってよい。いまや消費の中心顧客であるZ世代はSDGsの意識が高く、中長期的にみれば買い切り型よりも高くついてもサブスクリプションを選ぶ傾向にある。Z世代の「所有より利用」意識の根底には、個人の価値と同じくらいかそれ以上に「地球規模の価値」がある。

最後の第7の顧客にとってのサブスクリプションのメリットは**将来の不確実性に対する安心感**を醸成できるということである。契約の内容にもよるが、サブスクリプションとは継続的にサービスを利用できることにあることから、何かあっても利用できるという安心感を持つことができる。第2章でサブスクリプションとの同質性について述べたコミットメントラインのメリットの1つが経営健全性のための担保（安心材料）となるのと同じである。特に電気・ガス・水道や通信など生活インフラストラクチャーのサービスについては、サブスクリプションで提供されているものが少なくない。あ

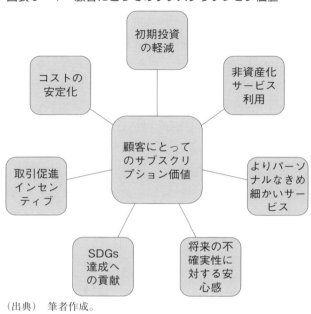

図表３－１　顧客にとってのサブスクリプション価値

初期投資の軽減

非資産化サービス利用

コストの安定化

顧客にとってのサブスクリプション価値

取引促進インセンティブ

よりパーソナルなきめ細かいサービス

SDGs達成への貢献

将来の不確実性に対する安心感

（出典）　筆者作成。

たかも、民間のライフラインのサブスクリプション・サービスといえる。

　以上７つが顧客にとってのサブスクリプション価値である（図表３－１）。

　反対に、顧客にとってのサブスクリプション・モデルのデメリットは以下の３点である。第１に、利用期間が長くなると買い取りよりも経済的にコストが高くなる場合がある。ただし、第７のメリットで述べたとおり、その分は将来の不確実性に対する保険的コストとみなすこともできる。第２に、提供する企業の事情によるサービス内容の変更や停止のリスクがある。さらに、第３のデメリットはサブスクリプション契約の更新時に料金値上げのリスクがある点である。

2.2　顧客と企業の関係性にとっての価値

　企業と顧客との間に信頼感を持った関係性ができる。企業にとってはロッ

クイン（囲い込み）であり、顧客にとってはロイヤリティーを持ったつながりである。そのつながりのおかげで、企業側はより顧客のニーズに適合したアップセルやクロスセルが可能になり、そのヒット率も高くなる可能性が高い。

　例えば、iPhoneを使っていてiCloudバックアップのうちフォトライブラリ容量が残りわずかになったとき、有料プランに変更してストレージ容量を追加することが提案される。iCloudのストレージは通常５GB分まで無料であるが、すぐに写真がいっぱいになるので月額100円少々の課金で50GBも使えるようになるのであればアップグレードしてもよいと考えるiPhoneユーザーは少なくないだろう。何より、企業側にとっては顧客の状況をよく知っているので、ここでアップグレートしてもらえそうな顧客がわかっているし、顧客側にとってはすでにデータを保存しているというサンクコストも考慮したうえで、毎月の少額の追加料金であれば効果が高いと判断する。

　また、サブスクリプション契約を特別会員やプレミアム会員と称した場合、顧客は自身を企業に選ばれた存在と考えるだろう。すなわち、相互の信頼感がより高まることになる。その結果、さらなる取引活発化や投資拡大が期待される。新規事業が開始しやすくなるということは、それに伴って投資拡大となり、売上拡大して経済活性化することにもなる。

　何より、顧客と企業の中長期的な信頼感の醸成がサブスクリプション契約の解約率低下につながり、逆にさらなるサービスのグレードアップによる収益の向上が可能になる。サブスクリプション・モデルは、これまでのサービスの利用件数の拡大を目指すプロダクトアウトの企業側論理の顧客関係性ではなく、顧客満足度を高めて顧客リテンション率を維持向上する顧客マーケットインのインセンティブが働くツールとなっている。

2.3　顧客にとってのサブスクリプション定義

　最初のサブスクリプション・モデルは、2010年前後の米国salesforce.com社のCRMソフトウェア・ビジネスから始まったといわれている（Tzuo and

Weisert 2018)。当初は「ソフトウェア利用権やさまざまなサービスを受ける権利の一定期間分の購入」という契約形態の意味であったため、顧客にとってはソフトウェアを買い取るのではなく、ソフトウェアの処理機能（サービス）を利用し、利用した期間に応じて料金を支払うサービス形態であった。

　当時のサブスクリプション・サービスは、複数の定額課金クラスが用意され複数のオプションから選択したり組み合わせたりして、ある程度自由に利用できる仕組みであった。そのため、すでに当時からサブスクリプションと定額課金や期間内一括購入の意味とは区別されていた。サブスクリプション・モデルは、顧客に対して常にサービスの品質を高めたり利用可能なサービスの種類を増やしたりして、顧客の利用に関する価値を向上させて顧客の継続率を維持し高めていくビジネスである。そのため、サブスクリプション・モデルは都度ではなく継続的にサービス提供するものとなるので、定額課金で契約されることがほとんどである。また、salesforce.com社は顧客価値を高めるべく、まさに自社の強みであるCRMをもとに顧客情報を分析・活用したことが、最近のサブスクリプションの機能要件につながっているものと考えられる。

　すなわち、第1章で企業にとってのサブスクリプション・モデルの定義は「サービス・ドミナントに基づくさまざまな商品サービスからなるコンテンツを、定額課金をベースに繰り返し継続的に提供しながら、顧客情報を分析・活用して持続的にサービスの改善を図りバージョンアップし続けるビジネス・アーキテクチャまたはシステム」とした。さらに、サブスクリプション・サービスは「契約期間内においては、機能、品質、および価格が経常的に保証されたサービス」（谷守 2018, p.89）と定義される。

　特に、salesforce.com社のようなSaaS型サブスクリプション・サービスは「契約期間内において、機能、品質、および価格が保証された複数のサービスから顧客が自由に選択し組み合わせてある程度制限なく経常的に利用するストック型ビジネス・モデル」と定義できる。ここで「制限なく」としたのは、SaaS型ビジネスはネットやITが活用された限界費用がほとんどゼロの

ビジネスだからである。

　以上は事業者を中心に定義されたものであるが、反対に顧客側からみれば、顧客にとってのサブスクリプションは「さまざまなサービス・コンテンツを主に定額で繰り返し利用するためのエンゲージメント・ツール」と定義できる。

　これらをもとに、次にサブスクリプション・モデルとの価格設定ロジックを会計的視座とマーケティング的視座から検討する。

2.4　顧客にとっての価格設定の視座

　現代は、顧客ニーズ多様化等を背景に、単に製品をつくっただけでは売れない時代である。企業内部の会計的論理に基づくコストベースの価格設定だけでは競争力は高まらず、販売が低迷する可能性がある。そのため、実務では市場メカニズム、すなわち顧客の期待価格調査や業界内の価格水準、国内外のライバル企業の価格調査等を通じたマーケティング的視座から価格が設定されるケースがほとんどではないだろうか。

　そこで、サブスクリプション・モデルの価格設定ロジックを管理会計上の2つの視座で検討する。1つは、会計的視座として従来から行われているコストベースの価格設定ロジックと比較検討する。もう1つは、マーケティング的視座でサブスクリプションの価格設定を検討する。

(1)　会計的視座

　コストベースの価格設定は、企業が商品サービスの原価を算定し、それをもとに価格設定する方法である。顧客にとっては、企業側から提供される商品やサービスの原価に基づく価値を価格で交換する構造である。

　サブスクリプション・モデルの価格（サブスクリプション価格）は、期間費用を下限の制約条件として市場のニーズや他社の価格動向をもとに決定される。したがって、少なくともサブスクリプション価格は期間費用を上回るように設定される必要がある。

　そのため、サブスクリプション・モデルの価格は、期間費用を下限とする

コストベースの価格設定とみなすことができる。

(2) サブスクリプションとレベニュー・マネジメント

　価格設定の観点でマーケティング的視座を持つ仕組みの代表と考えられるのは、レベニュー・マネジメントまたはダイナミック・プライシングがある。レベニュー・マネジメントは最近では宿泊料金や航空運賃の価格設定では一般的になっている。ホテルや航空機は需給に応じて部屋およびエリア（席）ごとにダイレクトに価格を変更するメカニズム（価格設定）をもつ。

　レベニュー・マネジメントの一般的な定義は「有限のキャパシティを保有するサービス業において、異なる性格を有する顧客セグメントに対してキャパシティを適切に割り当てること、および販売開始後の需要動向に応じてキャパシティの割当て対象ないし価格を変更することを通じて、短期的な利益の最大化、適正な長期利益の実現を支援する経営管理技法」（青木章 2019, p.10）である。小林・伊藤・清水・長谷川（2017）は「（レベニュー・マネジメントとは）時間の経過を視野に入れながら、異なった価格クラスにキャパシティを割り当てることによって収益の最大化を図る方法」と定義している。

　また、高木（2018, p.15）はサービス産業におけるレベニュー・マネジメントを次のように定義している。サービス産業におけるレベニュー・マネジメントは「狭い意味では、固定経費が大きく、時間的消滅性をもつサービス商品について、顧客を購買行動で層別（セグメント化）し、需要予測を基に販売個数を予想してセグメント毎に異なる価格を付け、購買層順の販売予約を低価格購買層から始め、サービス開始時点までの時間と販売限度枠でコントロールすることにより、利益（収益）の最大化を図ること」であり、「広い意味では、需要に応じて価格を変えるプライスマネジメント（価格管理）も含む」と定義している。

　これらレベニュー・マネジメントの定義から、サブスクリプション・モデルとの関係性を検討する。まず、顧客層別に異なる定額課金でサブスクリプション・サービスを行うならば、それはレベニュー・マネジメントといえよう。つまり「サブスクリプション・モデルにレベニュー・マネジメントの適

用が可能」である。実際のところ、実務ではすでにサブスクリプション契約において、新規顧客層には最初の一定期間内のみ無料化（フリーミアム戦略）や利用期間に応じて価格を段階的に変動させる方法が適用されているのは周知のとおりである。

　他方、レベニュー・マネジメントが実行されるホテルや航空機業界等において、一定期間内定額で利用し放題とするサブスクリプション・モデルの適用事例[1]がある。その場合は「レベニュー・マネジメントにサブスクリプション・モデルの適用が可能」といえる。

　それは、一般にレベニュー・マネジメントとは適切な価格設定を主たる手段として利益の最大化を図る仕組みなのに対して、サブスクリプション・モデルはどちらかといえば設定した価格を所与のものとして、契約後のサービスの多様化や充実化を手段として新規獲得率や既存解約率の低減を図り利益を最大化する仕組みだからである。ただし、ここでレベニュー・マネジメントではサービスの充実化が図られないといっているわけではないし、実務の例のとおりサブスクリプション・モデルだからといって価格が変更されることがないという意味でもない。

　第1章でサブスクリプションとは「定額課金で繰り返しサービスを行いながら、顧客情報を活用して持続的にサービスの改善や拡充を行うビジネス・アーキテクチャまたはシステム」と定義した。すなわち、常にサービスを改善し続ける動的なシステムがサブスクリプション・モデルである。そのことから、サブスクリプションとレベニュー・マネジメントは統合化が可能な構造である。例えば、サブスクリプションの課金機能にレベニュー・マネジメントのダイナミック・プライシングを適用することも可能である。そのうえで、サブスクリプションは市場の顧客が継続的に利用して解約にならないように価格に見合う魅力あるサービスを常に提供し続けていく仕組み、すなわ

1　米国航空会社のSurf Air社では、月額定額で同社の運航するフライトを好きなだけ利用できる。また、シリコンバレーで日本人が起業した「Anyplace」（ホテルの一室をサブスクリプション・サービスとして利用できる）等の事例がある。

ち「繰り返し動き続けるサービス・システム」のイメージといえよう。

　次にサブスクリプション契約後の顧客価値の最大化や維持を図る仕組みを顧客価値工学とマーケティング理論のドミナント・ロジックをもとに検討する。

2.5　サブスクリプション顧客価値

　サブスクリプションの顧客価値を検討するために、VE（Value Engineering）による工学的アプローチを適用する。VEは、企業側からみて製品や商品の価値（Value：V）はそれらの機能やサービスからなるファンクション（Function：F）をコスト（Cost：C）で除したものであるとの考え方に基づく（V＝F/C）。製品などの品質や機能を落とすことなくコスト低減を図るか、コストを維持したままより高機能な製品を開発する考え方である。すなわち、ファンクションを変えずにコストを低減できれば価値は向上するとの観点から原価企画における目標原価を算定する際によく適用される。

　顧客マーケティングの観点では、Monroe（2002, p.88）はVEを顧客価値に適用した。顧客価値＝顧客からみた機能／顧客に必要なコストとして、顧客価値にVEを当てはめた（以下「顧客VE」）。日立では1986年より顧客本位のVEをVEC（Value Engineering for Customers）と呼び、製品やサービスが有する機能を顧客が期待する機能にあわせるように設計、材料調達、加工など、あらゆる面から改善を図る活動が行われている（大森 2014）。さらに、上田はMonroeの顧客価値式に知覚価値概念を導入して修正している（上田 2004, p.80）。このように、顧客マーケティング分野においては顧客価値については顧客の立場でVEを適用する考え方がある。

　また、Monroeのいうとおり、顧客にとってのコストはPrice（価格）と考えるべきである（Monroe 2002, p.88）。サービスを提供する企業と顧客の間の取引をサプライチェーンととらえると、企業が設定する価格が、顧客にとってコストになる。一般的なVEは、企業内部のコストをもとに製品価値を考えるが、顧客VEでは顧客にとっての価値は顧客にとってのコストに対する

ファンクションが必要である。すなわち企業の設定する価格に対するファンクションの比率が顧客VEとなる。

　一方、サブスクリプション・モデルにおけるファンクションには２つの特徴がある。１つは、サブスクリプション・モデルにおけるファンクションは単独ではなく、複数になることが少なくないことである。例えば、マイクロソフト社のMicrosoft 365のサブスクリプション契約では１ユーザー当たりの期限付定額価格でのライセンス料がかかるが、ファンクションであるサービスの種類は非常に多い。Word、Excel、PowerPoint、ACCESS等々あり、さらにそれぞれの持つ機能まであげればきりがない。

　このように、サブスクリプション契約によって、顧客はさまざまなファンクションをまとめて利用できるようになる。そのため、顧客VEを算定するには、サブスクリプション契約で利用可能なファンクションすべてが必要となる。さらに、各ファンクションそれぞれに品質レベルがかかわる。例えば、Microsoft 365の１つのサービス、すなわちオンラインストレージという１つのファンクションであるOneDriveは、WordやExcelに比べて品質が高くないという意見があった。それは、各ファンクションがそれぞれ品質レベルが異なっており、かつそのことが顧客にとっての価値に影響しているということである。つまり、顧客VEは、それらファンクションと品質の積の総和がサブスクリプション・モデルのファンクションとなると考えられる。

　２つ目の特徴は、顧客はファンクションのなかにブランドやレピュテーションなどのバイアスを含めている点である。顧客はサービスだけではなく、ブランドやレピュテーションがもたらす「所持することによるプレミアム感」を求めて、サブスクリプション契約する場合も少なくない。例えば、さまざまなゴールドカードのサービスは、空港ラウンジの利用など、ラインナップにそれほど大差はない。しかし、アメックスやダイナースと比べると、楽天ゴールドカードなどの年会費は著しく安い。それは、受けられるサービスのほかに、高い会費を払ってでも、ブランドの高いカードを持つことで、プレミアム感を得られるという点がある。上田も製品の知覚便益に品

質イメージとプレステージを取り入れている（上田 2004, p.80）。すなわち、顧客価値のファンクションには個別のサービスとは別に、プレミアム（Premium）の項を取り入れる必要がある。

　以上のとおり、サブスクリプション・モデルの特徴を考慮して顧客価値をVEで表すと、図表3－2のとおりである。

　元来、サービス1回の取引の顧客価値（customer value by transaction）はマーケティングにおける価格の観点から研究されてきた（Monroe 2002、上田 2004；2006）。上田は、顧客を見込客、顧客、なじみ客に分け、そのランクに応じて満足度や、顧客が妥当だと考える価格は異なると述べている（上田 2004, pp.75-76）。ただし、あくまでも1取引当たりの価格とその効果の分析となっている。

　そこで、管理会計の観点からサブスクリプションの顧客VEを検討した。それによると、サブスクリプションは複数のサービスがポートフォリオで利用可能になるものであり、一括で価格設定されることが多いことがわかった。別の見方をすれば、サブスクリプションは顧客1人に対して1つの価格でさまざまなサービスを複数同時に提供することで顧客満足度を高めるビジネス・モデルといえる。

　つまり、価格を維持したまま顧客ニーズにあわせてサービスを組み合わせるのが、サブスクリプションである。とりわけ限界費用が限りなくゼロに近

図表3－2　顧客VE式

顧客にとってのサブスクリプション価値（Subscription Value for Customer）
　＝（Σ_i(F$_i$×Quality$_i$)＋Premium）／Price
　　F$_i$：サブスクリプション契約で利用可能なサービスの1つ（ファンクション）
　　Quality$_i$：サービス i の品質・正確性やスピード
　　i：サブスクリプション契約によって利用可能なサービス種類（1…n）
　　Premium：サブスクリプション契約によりもたらされる優越感
　　Price：サブスクリプション価格

（出典）　谷守（2017a）をもとに加筆修正。

い装置産業型のサービス業であれば実現可能である。その点からも、最近の
サブスクリプション・サービスのほとんどが、クラウド・サービスやSaaS
ビジネス業者から提供されているのは、そういった要因であることがわかる。

2.6　サブスクリプション・モデルのドミナント・ロジック

ドミナント・ロジックには、モノの価値の交換を中心に経済活動をとらえ
る「グッズ・ドミナント・ロジック」（以下「G-Dロジック」）と、モノは単な
るサービスの1つにすぎないものとみなしてすべての経済活動をサービスで
とらえようとする「サービス・ドミナント・ロジック」（以下「S-Dロジッ
ク」）（Lusch and Vargo　2014、Vargo and Lusch　2004）がある。前者のG-D
ロジックは交換価値（value of trade）を中心にした取引であり、後者のS-D
ロジックでは交換価値だけでなくサービスを利用（使用）する段階の企業と
顧客が双方で生成する価値という意味の共創価値（value of co-creation）が存
在する。

G-Dロジックでは、企業側が価値の生産者、顧客側が価値の消費者の立場
をとる。そのため、G-Dロジックの企業と顧客は分業的であり、交換価値は
1方向的に企業から顧客へ移転されることになる。それに対して、S-Dロ
ジックでは企業は価値の生産だけでなく提案を行い、顧客は価値の消費者で
あり生産者とされる。すなわち、S-Dロジックは企業だけでは価値の最大化
は実現できず、それを顧客が利用し体験することで価値の最大化が図られる
とする考え方である。

さて、サブスクリプション・モデルはいずれのロジックといえるであろう
か。第1章で整理したとおり、最近のクラウド・サービスやプラットフォー
マーが実施するサブスクリプションは、さまざまな製品、商品およびサービ
スを顧客が自由に選択し組み合わせて利用することによる価値の生成が前提
となっている。その点からサブスクリプションは、S-Dロジックのサービス
であることがわかる。

例えば、初期のAmazonは書籍のネット販売ビジネスのG-Dロジックで

あった。しかし、いまではAmazon Primeによる定額課金によって、書籍販売には即日配達サービスが追加され、さらに音楽や映像など多種多様なデジタル・コンテンツのなかから好きなものを好きなだけ利用可能である。書籍販売はその一部にすぎない。顧客は自らサービスを利用することで使用価値を生み、満足感や優越感等の経験価値を生成する。そのことから、最近のソフトウェアやデジタル・コンテンツ等のサブスクリプション・ビジネスはS-Dロジックである。

　事例として、銀行のアカウントフィーへのサブスクリプション・モデルの適用可能性を検討してみよう。口座を開設（契約）して年間のアカウントフィーを支払えば、顧客は24時間振込み・振替え、海外送金、家計簿ソフト、財務アドバイス、投信売買等さまざまなサービスが利用し放題となるサービスを想定している。顧客が口座を持つことで経験価値、サービスを利用するたびに使用価値が発生する。

　以上から、サブスクリプション・モデルとは「顧客が製品やサービスを使う過程において企業が行う活動や顧客がとる行動が価値を生み続けるという前提を置く」（藤川 2010, p.145）とするS-Dロジック[2]とみなすことができる。

　他方で、現状の都度取引方式はサービス１回で完結しており、取引終了後に継続して企業や顧客がとる行動によって価値が生み出されることは想定していない。むしろ企業から顧客にサービスの提供による擬似的な価値の交換が行われているとみなすことができる。つまり、銀行の都度取引方式はG-Dロジックとみなすほうが妥当である。

　以上から、サブスクリプション・モデルは企業と顧客が共創的に価値を生成するS-Dロジックを有しており、対する都度取引方式は交換価値のG-Dロジックである。そこで、次にサブスクリプション・モデルによる顧客と企業

---

[2]　S-Dロジックに基づくビジネス・モデルのすべてがサブスクリプション・モデルになるわけではない。例えば、AmazonのAIスピーカーであるAmazon Echoを利用するに当たり、サブスクリプション契約であるAmazonPrimeに加入せずに都度の発注にのみ利用することも可能である。その場合はS-Dロジックであるが、サブスクリプション・モデルではない。

の価値の共創的関係性を整理する。

3 サブスクリプション・モデルにおける顧客と企業の共創的関係性

本節では、サブスクリプション・モデルによる顧客価値と顧客収益性、企業価値と企業収益性、および共創価値をモデル化する。

3.1 サブスクリプション・モデルにおける顧客価値と顧客収益性

Monroe（2002）と上田（2004）によれば、マーケティング研究における価値の計算モデルでは、価値工学のVEのように便益を分子でコストを分母とする「商の形式」と、価値量からコストを差し引く「差の形式」があるとされる。Monroe（2002）は、獲得価値の定式化には差の形式を適用し、知覚価値の表現には商の形式を適用している。上田（2004）は、商の形式は便益とコストの尺度を独立に扱えるため操作性の点で利があるが、理解のうえでは差の形式のほうが直観的に理解しやすく、目的に応じて使い分けるべきとも述べている。

そこでここでは、金額による価値の定量化により検討を行うため、差の形式を採用することとした。すなわち、顧客が受ける価値の総量を「顧客価値」（customer value）として、そこから顧客が支払う価格（Price）を差し引いたものを顧客にとっての収益性の意味で「顧客収益性」とする利益計算モデルにより検討する。

最初に、サブスクリプションによる価値（サブスクリプション価値）のモデル化を検討する。サブスクリプション価値は交換価値と共創価値から構成される。共創価値は、利用するごとに顧客が得る使用価値（value in use）と感動や喜び、満足感等の顧客の知覚する経験価値（value of customer-experience）がある。

交換価値は、商品や製品の提供を伴わない完全なサービス利用型のサブスクリプション・モデルの場合はほぼゼロである。ただし、銀行アカウントフィーへの適用検討に当たっては、銀行の都度取引方式でのサービス1回当たりの手数料を擬似的に交換価値とみなす。なお、サブスクリプション・モデルの原価は期間費用[3]である。

また、谷守（2017a, p.111）によれば、サブスクリプション・モデルは1つのサブスクリプション価格で複数のサービスを利用できることが特徴とされる。ただし、個別のサービスでサブスクリプション・モデルを行うことも可能であるので、モデルではあえて単純化のため種類の区別はしない。そのため、使用価値は単一または各種サービスの利用合計（またはポートフォリオ）という意味でシグマ（Σ）により表す。以上からサブスクリプション価値は式3－Aのとおりである。

　　サブスクリプション価値
　　　＝共創価値＋交換価値
　　　＝Σ使用価値＋経験価値＋交換価値　　　　　　　　　……式3－A

ここで、使用価値と経験価値からなる共創価値は、マーケティング研究においては顧客の知覚価値[4]ともいう（Monroe 2002、上田 2004）。管理会計研究においては、共創価値についてこれまでは明確に定義されていない。そこで、次のとおり管理会計の観点から共創価値の3つの特徴を整理しておく。

第1に、共創価値は顧客ごとに異なる。顧客一人ひとり育った環境や性格が異なり、いま現在置かれている環境も異なる。そのため、企業から提供さ

3　本来のサブスクリプション・モデルの原価は、新規獲得なのかそれとも既存顧客のつなぎ止めなのかなど、顧客ごとに異なる。ただし、サービス単位のいわゆる製品原価である必要はなく、顧客ごとの期間原価がサブスクリプション・モデルには適している。すなわち、サブスクリプション・モデルの場合には、アクティビティ単位に計算するABCよりも、キャパシティの利用期間に応じて係る資産活用アプローチの原価計算（谷守 2017b）のほうが適合する。

4　知覚価値には継続的な利用可能性からくる安心感、入会していることからくる優越感、ブランドやレピュテーション等の経験価値に大きく影響する。逆に、赤字を伝える決算開示情報や国内外の政治不安情勢、主要取引先の業況悪化のニュース等によっては、知覚価値はマイナスになることがある。

れるサービスの必要性、要求度、満足度等の認識や知覚等の経験値は同一ではない。アンカリング効果や現状維持バイアス等の行動経済学的な不合理の影響も受けやすい。

第2に、共創価値は時間とともに変化する。特に、サービスを何度も受けるたびに、満足度水準は高まる傾向にある。そのため、サービス機能や品質が変わらない状態では、これまでの満足度よりも低減する可能性がある。すなわち、共創価値には経済学の限界効用逓減の法則が働く。

第3に、共創価値の定量化は容易ではない。経済学における効用の可測性（効用の大きさの定量的測定可能性）の問題がある。特に管理会計研究では、顧客満足度調査等アンケート調査が用いられることが多く、十分に定量化された情報が収集できるとはいえない。

次に、顧客価値と顧客収益性を、Kotler and Keller（2014, pp.171-173）の顧客の受取価値や総顧客コストやMonroe（2002, pp.73-74）の獲得価値と同様の形式で表現するとそれぞれ式3－Bと式3－Cとなる。

顧客価値
$\quad$＝サブスクリプション価値
$\quad$＝共創価値＋交換価値
$\quad$＝Σ使用価値＋経験価値＋交換価値　　　　　　　……式3－B
顧客収益性
$\quad$＝顧客価値－サブスクリプション価格
$\quad$＝サブスクリプション価値－サブスクリプション価格
$\quad$＝Σ使用価値＋経験価値＋交換価値－サブスクリプション価格
$\qquad\qquad\qquad\qquad\qquad\qquad\qquad\qquad$……式3－C

以上のとおり、サブスクリプション・モデルを顧客が利用することで共創価値が生成され、顧客収益性は顧客にとってのコストに相当するサブスクリプション価格の増減次第で変化する。

3.2　サブスクリプション・モデルにおける企業価値と企業収益性

Tzuo and Weisert（2018）をもとにすれば、サブスクリプション・モデルの原価がどの顧客に対しても均一の場合には顧客1人当たりの企業価値は式3－D、企業収益性は式3－Eとなる。

　　企業価値
　　　　＝サブスクリプション価格　　　　　　　　　　……式3－D
　　企業収益性
　　　　＝サブスクリプション価格－原価　　　　　　　……式3－E

　管理会計研究におけるサブスクリプションによる企業収益性向上のポイントは、式3－Eのとおり取引数を増やすことではなく、顧客1人当たり原価を上回るサブスクリプション価格で顧客数を増やすことにある。すなわち、式3－Eに顧客数を乗じたものが企業全体の収益性である。顧客数増加のためには、新規顧客を増やし既存顧客が解約しないように継続維持に努めることとにある。特に、サブスクリプション価格と解約率[5]の間の相関性に注意が必要である。

3.3　サブスクリプション・モデルの顧客収益性と企業収益性

　サブスクリプション・モデルによる顧客収益性と企業収益性の関係性を検討する。式3－A〜Eより、サブスクリプション価値は式3－Fとなる。

　　サブスクリプション価値
　　　＝顧客収益性＋サブスクリプション価格
　　　＝顧客収益性＋企業収益性＋原価　　　　　　　　……式3－F

5　金融機関においては、解約率は「期限前解約リスク」として定量化が進んでおり、高度なリスク管理やリスクを考慮した金利設定まで実際に行われている。しかし、経営にとっては解約率を成り行き的に予想することではなく、解約率を低減させるように行動することが求められる。

図表 3 － 3　サブスクリプション・モデルの顧客収益性と企業収益性の関係性

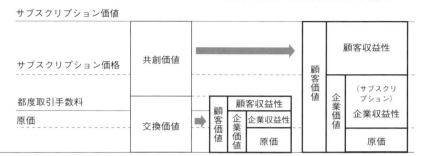

（出典）　谷守（2021, p.100）をもとに加筆修正。

　式 3 － F を図表 3 － 3 に示す。図表 3 － 3 より S-D ロジックによって顧客
と企業が共創的に構築するサブスクリプション価値（共創価値）は、サブス
クリプション価格を境界線にして、顧客と企業それぞれに収益分配される。
すなわち、サブスクリプション価格は共創価値を顧客収益性と企業収益に分
配する基準となる。

4　銀行サブスクリプション・モデルの　シミュレーション[6]

　本節では銀行サービスのサブスクリプション化に対するシミュレーション
を行う。
　最近の銀行サービスはキャッシュレス化やフィンテック[7]が進展し、その
おかげで銀行業は電子的な資金情報の管理業務に変化[8]しつつある。銀行の

6　谷守（2021）のデータと分析結果をもとに顧客価値の観点から検討する。
7　フィンテックとは、金融を意味するファイナンス（Finance）と技術を意味するテク
　ノロジー（Technology）を組み合わせた造語である。最近では金融業界（当局、銀行、
　マスコミ、IT業界）で一般に使われている。
8　最近では、各銀行とも実店舗の統廃合や減損処理が着実に進んでいることから、
　キャッシュレス化の加速性が理解される。

電子的な資金情報はITの内部ではデジタルデータであり、それをもとにサブスクリプションを検討することは問題ではない。実際のところ、第1章で検討したN26銀行（独）や、福岡FG傘下のみんなの銀行では既にサブスクリプション・サービスが提供されている。

そこで、銀行Aにおけるフィンテック企業に対するアカウントフィーにサブスクリプションの適用を検討する。しかし、サブスクリプション価格をどのくらいにすべきか悩んでいる。そこで、銀行Aの過去の実際の取引データをもとに、サブスクリプション・サービスを適用した場合のシミュレーションを行うこととした。

具体的には、銀行口座のサービスの1つである為替取引を利用して決済代行ビジネスを営むフィンテック企業を顧客企業として、当該銀行がサブスクリプション・モデルを適用した場合の収益性をシミュレーションする。実際のフィンテック企業が提供する決済代行サービスの手数料と月額基本料はそれぞれ使用価値と経験価値の代理変数として適用する。

シミュレーションする銀行Aとその顧客企業として想定するフィンテック企業のデータは、次のとおりである。

4.1　シミュレーション・サイト

調査対象の企業、データの内容、期間および前提となる仮設定値は次のとおりである。

- ・対象銀行：国内の商業銀行A
- ・対象顧客：決済代行サービスを営むフィンテック企業[9]
- ・データ内容：銀行Aの営業店Xの為替（振込み・振替え・送金）取引
  　　　　　　顧客数（6,468人）、為替取引総件数（3万9,565件）
- ・データ期間：12カ月分データ

9　決済代行サービスを営むフィンテック企業には、NTTファイナンス株式会社、GMOペイメントゲートウェイグループ、株式会社電算システム等さまざまある。それらを平均化させた架空の企業でシミュレーションした。

・設定値：

（銀行）銀行Aのネット手数料体系を参考に設定

　　　　為替取引1回当たり手数料＝110円（現状を参考に設定）

　　　　当該店の為替業務にかかる期間費用＝394万9,200円

　　　　当該店の為替手数料収益＝435万2,150円

　　　　1口座当たり原価＝611円

（顧客企業）決済代行企業[10]の実際の料金体系を参考に設定。

　　　　　　決済代行サービス手数料＝86円／回（使用価値とみなす）

　　　　　　最低月額手数料[11]＝550円／月（契約していることから経験価
　　　　　　値とみなす）

4.2　シミュレーションの内容

　現状の銀行では1回の取引ごとに手数料を設定し、顧客企業が為替取引を行った件数分の収益を銀行が徴求するケース（都度取引方式）と、1年間のサブスクリプション契約に基づいて顧客企業が決済代行サービスを行うケース（サブスクリプション・モデル）との企業収益性と顧客収益性を比較しながら、サブスクリプション価格をシミュレーションする。

　なお、現状の銀行Aにおける都度取引方式では、ネットでの為替取引1回の活動基準原価（Activity-Based Costing：ABC）99.8円が都度の決済手数料110円で交換される。実際のところ、銀行AではABCによって為替取引原価を算定するが、それを上回るように業界内同一水準の手数料が適用されるのみであり、顧客価値や顧客収益性が特に考慮されているわけではない。すなわち、現状の銀行と顧客企業の間の都度取引では、サービスの提供により擬

10　GMOペイメントゲートウェイグループのGMOイプシロンで提供される個人向けネット銀行決済サービスの料金体系を参考にする。同社ホームページ（https://www.epsilon.jp/service/netbank.html#price）を参考。

11　最低月額手数料とは決済代行業者のほとんどが行う料金設定の1つで、月間のフロア価格（基本料金）を意味する。もしも決済代行サービス手数料が最低月額手数料を超えた場合にはその料金が適用される。

似的に価値の交換が行われておりG-Dロジックの状態にあるといえる。そこ
で、都度取引方式の場合には、その手数料額で顧客企業から銀行へ（擬似
的）交換価値の移転があるものとする。

　他方、本シミュレーションにおけるサブスクリプション・モデルは、上述
のとおり単に定額課金を意味するものではない。銀行Aが検討中のS-Dロ
ジックを実現するサブスクリプション・モデルを前提としたシミュレーショ
ンを行う。共創価値に従ってサブスクリプション価格は変化可能であり、そ
れにより顧客収益性と銀行収益性が変化することになる。

　そこで、本シミュレーションでは、以下の２つのケースを実施する。

A)　都度取引方式と同額の銀行収益性をあげるためのサブスクリプション
　　価格はいくらか

B)　口座維持手数料（1,320円）と同額をサブスクリプション価格とした
　　場合に得られる銀行収益性と顧客収益性はいくらか

それぞれモデルを作成しWhat-if分析等シミュレーションを行った結果と
その考察を示す。

4.3　シミュレーションの結果と考察

　シミュレーションの結果は次のとおりであった。それぞれについて考察す
る。

(1)　都度取引方式と同額の銀行収益性をあげるためのサブスクリプション
価格はいくらか

　都度取引方式の場合、銀行Aの営業店Xの収益性は合計で40万2,950円（＝
435万2,150円－394万9,200円）である。それと同額の収益性をサブスクリプ
ション・モデルによりあげるには、図表３－４に示すシミュレーションのと
おり、サブスクリプション価格は673円となる。つまり、銀行Aの営業店X
では、毎月約56円（＝673円／12カ月）のアカウントフィーを設定できれば現
状と同額の収益をあげられることになる。

　また、都度取引の場合には擬似的な交換価値とみなしているので、顧客に

図表３－４　銀行Ａの都度取引とサブスクリプション・モデルの比較

取引件数	顧客数	都度取引方式				サブスクリプション・モデル			
		（擬似的）交換価値	都度取引手数料	銀行収益性	顧客収益性	共創価値	サブスクリプション手数料	銀行収益性	顧客収益性
1	6,075	668,250	668,250	61,871	0	40,095,000	4,087,710	378,466	36,007,290
2	114	25,080	25,080	2,322	0	752,400	76,708	7,102	675,692
3	30	9,900	9,900	917	0	198,000	20,186	1,869	177,814
4	15	6,600	6,600	611	0	99,000	10,093	934	88,907
5	15	8,250	8,250	764	0	99,000	10,093	934	88,907
6	17	11,220	11,220	1,039	0	112,200	11,439	1,059	100,761
7	17	13,090	13,090	1,212	0	112,200	11,439	1,059	100,761
8	16	14,080	14,080	1,304	0	105,600	10,766	997	94,834
9	8	7,920	7,920	733	0	52,800	5,383	498	47,417
10	8	8,800	8,800	815	0	52,800	5,383	498	47,417
⋮	⋮		⋮	⋮		⋮	⋮	⋮	⋮
899	1	98,890	98,890	9,156	0	77,134	673	62	76,461
907	1	99,770	99,770	9,237	0	77,821	673	62	77,148
991	1	109,010	109,010	10,093	0	85,028	673	62	84,355
1,012	1	111,320	111,320	10,307	0	86,830	673	62	86,157
1,467	1	161,370	161,370	14,941	0	125,869	673	62	125,196
1,543	1	169,730	169,730	15,715	0	132,389	673	62	131,717
2,571	1	282,810	282,810	26,184	0	220,592	673	62	219,919
2,848	1	313,280	313,280	29,005	0	244,358	673	62	243,686
3,486	1	383,460	383,460	35,503	0	299,099	673	62	298,426
3,560	1	391,600	391,600	36,257	0	305,448	673	62	304,775
―	6,468	4,352,150	4,352,150	402,950	0	44,902,506	4,352,150	402,950	40,550,356

（出典）　谷守（2021, p.102）をもとに加筆修正。

とっての原価は都度取引手数料となり、仮に完全等価の交換価値であった場合には顧客収益性はゼロになる。それに対して、サブスクリプション・モデルでは共創価値（4,490万2,506円）のうち顧客収益性は4,055万356円となる。つまり、現状の銀行収益性と同額をサブスクリプション・モデルで実現する場合は、共創価値は銀行と顧客企業とで１：９に収益分配される形式となる。

(2) 口座維持手数料と同額をサブスクリプション価格とした場合に得られる銀行収益性と顧客収益性はいくらか

　1,320円の口座維持手数料は、国内の一部銀行で「未利用口座管理手数料」としてすでに適用[12]されている。図表3-5に、全シミュレーション・データをもとに都度取引の場合の銀行収益とサブスクリプション・モデル適用時の銀行収益性と顧客収益性のグラフを示す。縦軸には収益や原価、横軸に1人当たり取引件数を昇順に並べている。そのうち、図表3-6に取引件数が10件以内の状況を抜き出して詳細に図示している。

　都度取引方式、つまり現状の為替取引ごとに手数料を徴求する方式では、

図表3-5　1人当たり取引件数の銀行収益性と顧客収益性

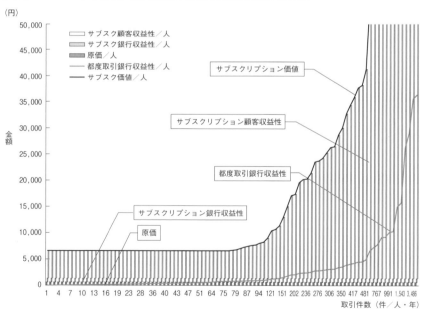

（出典）　谷守（2021, p.103）をもとに加筆修正。

12　未利用口座管理手数料1,320円（年間）としては、りそな銀行、静岡銀行、十六銀行、岡崎信用金庫等ですでに導入されている。

図表 3 − 6　少数取引件数の銀行収益性と顧客収益性

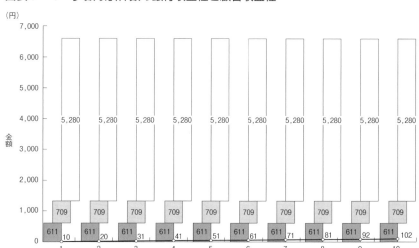

（出典）　谷守（2021, p.104）をもとに加筆修正。

取引件数が増加するほど銀行収益が増加するのがわかる。この場合、銀行収益性は取引 1 回当たり110円の（擬似的）交換価値とABCによる原価99.8円の差額が取引ごとに計上される。

　対して、サブスクリプション・モデルでは、顧客企業であるフィンテック企業が銀行の決済サービスをもとにして顧客との決済代行契約を結ぶことからくる経験価値と、決済代行サービス件数の増加に伴って高まる使用価値からなる共創価値が増加、すなわちサブスクリプション価値が高まる（図表 3 − 5 では太線）。サブスクリプション価値に対して、サブスクリプション価格1,320円を超える部分は顧客収益性に相当する。

　銀行収益性はサブスクリプション価格1,320円に対して 1 口座当たり611円の原価を差し引いた差額の709円が取引件数に関係なく計上される。結果として、銀行収益性合計は458万8,560円、顧客収益性合計は3,636万4,746円となる。図表 3 − 4 のとおり現状の都度取引方式による銀行収益合計は40万

2,950円であったのに対して、口座維持手数料1,320円と同額をサブスクリプション・モデルとして適用したとすれば約10倍を超える銀行収益性も可能になる。

　また、図表3－6のシミュレーション結果から、サブスクリプション・モデルは取引件数が少ない場合でも顧客収益性を維持しつつ銀行収益性を原価以上に確保できる構造であることがわかる。これに対して、都度取引方式では1口座当たりの原価をまかなえていない。

　しかし、本シミュレーションでは実際のデータを使っているものの、あくまでも過去を振り返って計算しているにすぎない。実際にはサブスクリプション・モデルを適用したことにより、既存の顧客企業のうち解約を申し入れるところも出てくるであろう。その反対に、図表3－6の意味を理解して顧客収益性がより高まることを期待し、新規に銀行Aとサブスクリプション契約を結ぶ顧客も現れる可能性もある。つまり、サブスクリプション・モデルを適用することにより、将来の顧客の新規や解約の動向に影響を及ぼす可能性がある。

　銀行Aの関係者の間では、決済サービスの高速化や365日24時間化等の品質向上といった基本的なサービス品質の改善を着実に行っていくことが重要との意見が出た。さらに、銀行Aではサブスクリプション契約のなかに、経営アドバイスや取引先紹介等のサービス等を導入して、顧客側の事業がうまくいくように支援するサービスが具体的に検討されている。銀行が顧客企業を支援して共創価値を高めることにより、結果的に顧客と銀行の両方の収益性が高められるとの考えである。

　そのほか、共創価値を高める方法としてブランドやレピュテーションの向上がある。顧客は銀行とサブスクリプション契約をすることで、プレミアム感、優越感、高ステータス気分、もしくは選ばれたメンバーシップの感覚等が持てるようになるのであれば経験価値が上がり、仮に顧客企業の事業がまだうまくいかずに使用価値が低い場合であっても解約を少なくできる可能性がある[13]。

以上のとおり、銀行Aの実データを利用したシミュレーションを通じて、アカウントフィーにサブスクリプション・モデルを適用することによって、現状の都度取引方式よりも顧客収益性と銀行収益性の両方を高める可能性を示すことができた。さらに、実現のための課題は共創価値の向上にあり、そのためには、基本的なサービス品質の向上はもちろんのこと、顧客事業の支援やブランド・レピュテーションの向上が重要であることが明らかになった。

さらに、サブスクリプション価格によって共創価値は企業と顧客に収益分配される仕組みであることも確認できた。サブスクリプション・モデルは、交換価値のように企業と顧客の間で等価で価値移転するよりも、双方がともに将来に向けて持続的、中長期的に共創価値を向上させて、結果的に双方ともに収益を多くしようとする仕組みである。

5 顧客にとってのサブスクリプション　まとめ

サブスクリプション・モデルによる顧客にとっての価値（事業者からみた顧客価値ではない）を整理し、顧客のサブスクリプション定義に基づく顧客にとっての価格設定理論を示した。さらに、顧客と企業の共創価値をモデル化し、実際のデータに基づいてシミュレーションすることにより検討した。その結果、次の3点が明らかになった。

第1に、サブスクリプション・モデルは、共創価値を高めることが企業収益性向上につながる仕組みであることがわかる。特に、企業で行われるG-D

13　例えば、航空会社ではすでに導入している。ANAではプレミアムメンバー、JALではJALグローバルクラブが本章におけるサブスクリプション契約に相当する。それらクラブに入会することで、特別ラウンジの利用、優先チェックイン、優先搭乗、優先的な荷物搬出や優先空席待ちなど選ばれたメンバーだけのエクスクルーシブなサービスが味わえるようになっている。もともとフリークエントフライヤーの囲い込みから始まったものであるが、ほとんど飛行機を利用する機会がなくなった顧客であっても、ハイステータスカードの数万〜十数万円の年会費を払ってクラブに入会し続ける人も少なくない。

ロジックの都度取引方式では、収益向上のために自社都合を優先して都度取引手数料を値上げする可能性すらある。それに対して、サブスクリプション・モデルではS-Dロジックで共創価値向上を図る施策を立てることができる。価格を維持したまま、サービスの充実化や品質の向上さらにはブランドやレピュテーションの向上等によりチャーンレートを抑えて新規顧客を増やす施策が可能になり、結果的に企業収益を高めることができる。

第2に、サブスクリプション・モデルによれば、共創価値を想定した価格設定が可能になる。サブスクリプション・モデルの価格設定では顧客側の使用価値や経験価値をもとにすることができるので、顧客収益性を損なうことなく交換価値よりも高く設定することが可能になる。

第3に、サブスクリプション価格は共創価値を企業と顧客に分配する機能を持つ。すなわち、サブスクリプション価格は共創価値を顧客収益性と企業収益に分配する境界線とみなすことができる。分配された後、企業収益は企業側の原価を差し引かれて企業収益性となる。

さらに、ブランドやレピュテーション等の経験価値の定量化と収集、サブスクリプション価格と解約率の相関モデル、およびAIによる予測を織り込む必要がある。

《参考文献》

Dolan, R. J., and H. Simon（1996）. *Power Pricing*. Free Press.

Harris, J. N.（1948）. Direct Costs as an Aid to Sales Management. *The Controler*, 30(8)：pp.499-502.

Horngren, C.T.（1977）. *Cost Accounting: A Managerial Emphasis 4thed*. Prentice-Hall.

Horngren, C.T., A. Bhimani, S. M. Datar, and G. Foster（2002）. *Management and Cost Accounting*. Harlow: Financial Times/Prentice Hall.

Kotler, P. and K. L. Keller（2006）. *Marketing Management 12e*. Prentice-Hall, NJ. 恩藏直人監修・月谷真紀訳（2014）『コトラー&ケラーのマーケティング・マネジメント 第12版』丸善出版。

Lusch, R. F. and S. L. Vargo（2014）. *Service-Dominant Logic: Premises, Perspectives, Possibilities*. Cambridge University Press. 井上崇通監訳・庄司真

人・田口尚史訳（2016）『サービス・ドミナント・ロジックの発想と応用』同文舘出版。

Monroe, K.B.（2002）. *Pricing: Making Profitable Decisions Third Edition*. McGraw-Hill/Irwin Series in Marketing.

Shillinglaw, G.（1961）. *Cost Accounting: Analysis and Control*. RD Irwin.

Simon, H.（2015）. *Confessions of the Pricing Man: How Price Affects Everything*. Springer. 上田隆穂監訳・渡部典子訳（2016）『価格の掟―ザ・プライシングマンと呼ばれた男の告白』中央経済社。

Tzuo, T. and G. Weisert（2018）. *Subscribed: Why the Subscription Model Will be Your Company's Future-and what to Do about it*. Penguin. 桑野順一郎監訳・御立英史訳（2018）『サブスクリプション―「顧客の成功」が収益を生む新時代のビジネス・モデル』ダイヤモンド社。

Vargo, S. L. and R. F. Lusch.（2004）. Evolving to a new Dominant Logic for Marketing. Journal of Marketing, 68(1): pp.1-17.

青木章通（2019）「ビジネス・モデル構築におけるレベニューマネジメントの役割―3社の事例に基づく考察―」『原価計算研究』43(1)：pp.8-18。

青木茂男（1959）「原価と価格政策（国民経済と企業）」『經營學論集』31, pp.154-159。

青木茂男（1964）「原価と価格設定」『會計』86(6)：pp.1030-1048。

青木茂男（1965）「売価政策における原価概念」『産業経理』25(4)：pp.66-71。

上田隆穂（2004）「消費者における価値と価格」『学習院大学経済論集』41(2)：pp.75-88。

上田隆穂（2006）「関係性強化型課金方式（CPP：Customer Relationship Pricing）～料金設定のイノベーション～」『マーケティングジャーナル』(100)：pp.58-65。

上田隆穂（2021）『利益を最大化する価格決定戦略』明日香出版社。

大森紳一郎（2014）「VE for Customers」『VALUE ENGINEERING』281：p.1。

小林啓孝・伊藤嘉博・清水孝・長谷川惠一（2017）『スタンダード管理会計（第2版）』東洋経済新報社。

櫻井通晴（1977）「原価計算における価格決定の諸問題―経済モデルとの対比において」『専修経営研究所年報』1977.3(1)：pp.107-133。

櫻井通晴（1978）「原価加算契約における価格設定の基本的性格（価格決定問題への管理会計の役立〈特集〉）」『企業会計』30(5)：pp.656-660。

櫻井通晴（1980）「価格政策と原価情報（マネジメントのための原価計算〈特集〉）―（マネジメントのための原価計算―その課題と展望）」『企業会計』32(11)：pp.1667-1675。

高木英明（2018）「レベニューマネジメント（収益管理）について―数理によるビ

ジネス課題への挑戦—」『筑波経済月報2018年7月号』：pp.14-19。

谷守正行（2017a）「サブスクリプションモデルの管理会計研究」『専修商学論集』105：pp.99-113。

谷守正行（2017b）「資産活用アプローチの原価計算：実態調査によるモデル化とアクションリサーチによる検証」『原価計算研究』41(2)：pp.98-110。

谷守正行（2018）「銀行アカウントフィーに関する管理会計研究：サブスクリプション・モデルの適用可能性」『管理会計学』26(1)：pp.83-102。

谷守正行（2021）「サブスクリプション・モデルによる価格設定の研究—銀行アカウントフィーへの適用シミュレーション—」『管理会計学』29(1)：pp.91-108。

藤川佳則（2010）「サービス・マネジメントのフロンティア　第1回　サービス・ドミナント・ロジックの台頭」『一橋ビジネスレビュー』58(1)：pp.144-155。

溝口一雄（1964）「直接原価計算の価格決定機能」『国民経済雑誌』110(6)：pp.1-12。

溝口一雄（1976）「直接原価計算と価格政策にかんする一考察」『国民経済雑誌』133(2)：pp.18-33。

守口剛（2012）「課金方式のバリエーション（プライシングのバリエーション〈特集〉）」『マーケティングジャーナル』32(2)：pp.4-19。

第 4 章

財務・税務担当にとっての
サブスクリプション

□　はじめに

　サブスクリプションは業種や業態を問わずさまざまなサービスで用いられるようになっている。サブスクリプションによるビジネス・モデルをサブスクリプション・モデルと呼ぶ（谷守 2017）。サブスクリプション・モデルの適用が相次いでいる要因として谷守（2017, pp.101-102）は、社会・経済面の影響、ネット環境進化の影響、そして顧客の意識変化をあげている。このうち、ネット環境進化の影響は技術面の要因であり、ブロードバンド環境が整備されたことでネット回線に常に接続することが可能となった。その結果、企業側はネット回線を通じて、大小さまざまなバージョンアップが可能となり、顧客はサービス提供企業のプラットフォームにアクセスすることを通じて、サービスを受けることができるようになった。物的資産は有限であるのに対して、ソフトウェア、音楽、映像コンテンツといった無形資産は無限に利用することが可能である。この点において、サブスクリプション・モデルで特に大きな恩恵を受ける業種にIT業界やソフトウェア業界がある。

　新たなビジネス・モデルを適切に写像するためには、実態にあった会計処理が求められる。財・サービスを販売し、対価を受け取ることによって収益を認識する会計処理ではサブスクリプション・モデルの実態をとらえきれない。財務会計の観点では、「顧客と継続的な関係を築く」ことに対応した正確な会計処理を行うことが必要となる（森田・竹田 2021）。

　ところでわが国においては企業会計基準第29号「収益認識に関する会計基準」が2018年3月30日に公表された。2021年4月から始まる会計期間において企業会計基準第29号への対応が求められる。まだ適用が始まったばかりであり、収益認識に関する会計基準のもとで、サブスクリプション・モデルにどのような会計処理が求められるのかを検討する意義は大きいと考えられる。

　そこで本章では、特にIT企業に焦点を当ててサブスクリプション・モデルの会計処理を検討する。第1節ではサブスクリプションの定義と会計処理

上の検討課題について整理する。第2節では企業会計基準第29号「収益認識に関する会計基準」（以下「基準」）および企業会計基準適用指針第30号「収益認識に関する会計基準の適用指針」（以下「適用指針」）の考え方をまとめる。第3節ではサブスクリプション・モデルの特徴をふまえたうえで、どのような会計処理が考えられるかを検討する。第4節では国外のサブスクリプション・モデルを取り入れているIT関連企業の顧客との契約から生じる収益の認識等に関する会計方針を取り上げる。第5節では前節で提示した会計処理の比較を行う。第6節では借り手の立場からリースとサブスクリプションの会計処理を比較する。第7節では令和3年（2021年）税制改正がサブスクリプション・モデルに与える影響を取り上げる。最後に本章をまとめる。なお、文中の判断については現時点での筆者の私見である。

1　サブスクリプションの定義と会計処理上の検討課題

　サブスクリプションとは、一定の利用期間について定額料金が生じる取引・契約形態を指すが、そのサービスは多種多様に存在する。新聞の定期購読など従来からあるサブスクリプションは、「定額で定量」である一方、インターネットの発達により近年増加している新しいサブスクリプションは「定額で使い放題」「定額で選び放題」といった、ユーザーにとって定額以上のメリットがある点が違いである（内閣府 2020, p.191）。第1章の顧客視点からのサブスクリプション定義「さまざまなサービス・コンテンツを主に定額で繰り返し利用するためのエンゲージメント・ツール」のとおり、いまや音楽・映像の配信サービスやソフトウェアの月額利用等「一定期間内の定額課金で回数制限のない利用の権利」（谷守 2021）の意味にまで変化してきている。

　コンピュータ・スマートフォンのアプリケーションやデータベースの利用のサブスクリプション・モデルの場合、ソフトウェアのアップデートやデータの更新が行われた場合でも追加料金は発生せず、保守サービスや運用支援

サービスが含まれている形態が一般的であり、「所有から利用へ」のビジネストレンドでここ数年拡大してきた「○ as a Service（○aaS）」に類似したサービスとなっている（榊 2019）。

　例えばSaaS（Software as a Service）はネットワークを介して業務アプリケーションを利用可能にするサービスの一種である（榎 2007）。サービス提供事業者は共通のプラットフォームを用いることで複数ユーザーにインターネットを介してサービスを提供する（図表4－1）。業務アプリは事業者側が逐次アップデートしていく。ユーザーは利用したいときにすぐにサービスを導入でき、サービスはユーザーごとにカスタマイズが可能である。SaaSには「初めて導入する業務アプリでもテストや検証が不要ですぐに使える」「利用料は月額払いでメンテナンスや保守要員は必要なし」「使い方や目的に応じたカスタマイズが可能」などといったメリットがある（山崎 2006）。

　第1章では、事業者にとってのサブスクリプションとは、「サービス・ドミナントに基づくさまざまな商品・サービスからなるコンテンツを、定額課

図表4－1　SaaSのイメージ

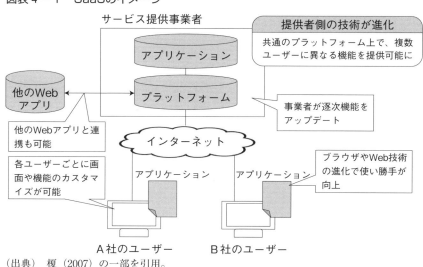

（出典）　榎（2007）の一部を引用。

116

金をベースに繰り返し継続的に提供しながら、顧客情報を分析・活用して持続的にサービスの改善を図りバージョンアップし続けるビジネス・アーキテクチャまたはシステム」と定義された。その定義に基づいて利用企業側からSaaSのビジネスモデルを定義すれば、「契約にもとづく一定の期間内において、機能、品質、および価格が保証された複数のサービスから利用者が自由に選択し組み合わせてある程度制限なく経常的に利用するストック型ビジネス・モデル」（谷守 2021）といえる。

　サブスクリプション・モデルに伴う会計処理上の論点として榊（2019）は、サブスクリプションの契約は使用許諾権に関する取引に該当する可能性があるため、ライセンスの供与に関する処理があると指摘する。また、サブスクリプション・モデルでは、サービスを提供するに当たってライセンスに加えてインストール、アップデート、サポート、自動化されたカスタマイズ機能が含まれる形態も一般的であるため、履行義務の単位をどのように設定するのかの会計判断がむずかしい点をあげている。

　以上の論点を検討するに当たっては、企業会計基準第29号「収益認識に関する会計基準」をふまえた判断が求められる。

2　収益認識に関する会計基準の概要

2.1　収益認識に関する会計基準設定の背景

　わが国における収益認識の原則には、企業会計原則のなかで、「売上高は、実現主義の原則に従い、商品等の販売または役務の給付によって実現したものに限る」（企業会計原則　第二　損益計算書原則　三B）とされているものの、収益認識に関する包括的な会計基準はこれまで開発されていなかった（基準92項）。実現とは企業が顧客への財やサービスの移転を通じて、履行義務を充足したこと、およびこれに伴って移転した財やサービスと交換に、企

図表 4 - 2　実現基準

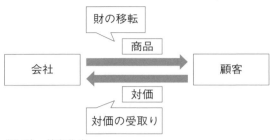

（出典）　筆者作成。

業が権利を有する対価を獲得したことを指す（桜井 2021, p.78）。企業が顧客に商品を引き渡して、現金等の対価を受領した時点で収益が計上される（図表 4 - 2）。

　一方、国際会計基準審議会（以下「IASB」）および米国財務会計基準審議会（以下「FASB」）は、共同して収益認識に関する包括的な会計基準の開発を行い、「顧客との契約から生じる収益」（IASBにおいてはIFRS第15号、FASBにおいてはTopic 606）を公表している。両基準は、文言レベルでおおむね同一の基準となっている（基準92項）。

　これらの状況をふまえて「収益認識に関する会計基準」が検討された。本会計基準は連結財務諸表に関してIFRS第15号の基本的な原則を取り入れることを出発点とし（基準97項）、(1)IFRS第15号の定めを基本的にすべて取り入れること、(2)適用上の課題に対応するために、代替的な取扱いを追加的に定めることを開発の方針としている。なお、個別財務諸表においても基本的には、連結財務諸表と同一の会計処理を定めている（基準99項）。

2.2　収益認識に関する会計基準の手続

　収益認識基準では次の(1)から(5)のステップを適用する（基準17項）。

(1)　顧客との契約を識別する

(2)　契約における履行義務を識別する

図表4－3　収益認識基準のステップ

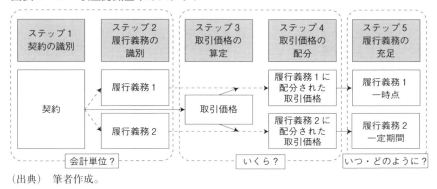

(出典)　筆者作成。

(3)　取引価格を算定する

(4)　契約における履行義務に取引価格を配分する

(5)　履行義務を充足したときにまたは充足するにつれて収益を認識する

　(1)から(5)のステップを図示すると図表4－3のようになる。一連のステップは会計単位（収益を認識する単位）となる履行義務を把握する(1)と(2)、履行義務に割り当てる価格を計算する(3)と(4)、そして履行義務ごとに収益をいつ、どのように認識するかを判定する(5)の3つに分けることができる。以下では(1)～(5)を整理する。

(1)　顧客との契約の識別

　本会計基準で取り扱う範囲は、IFRS第15号と同様に、顧客との契約から生じる収益としている（基準102項）。「契約」とは、法的な強制力のある権利および義務を生じさせる複数の当事者間における取決めをいう（基準5項）。本会計基準を適用するに当たっては、次の①から⑤の要件のすべてを満たす顧客との契約を識別する。

①　当事者が、書面、口頭、取引慣行等により契約を承認し、それぞれの履行義務を約束していること

②　移転される財またはサービスに関する各当事者の権利を識別できること

図表 4 - 4　顧客との契約の識別

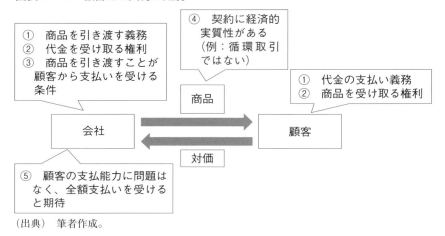

（出典）　筆者作成。

③　移転される財またはサービスの支払条件を識別できること

④　契約に経済的実質があること（顧客に移転する財またはサービスと交換に企業が権利を得ることとなる対価を回収する可能性が高いこと）

⑤　顧客の支払能力に問題はなく、全額支払いを受けると期待できること

　例えば顧客に商品を販売し、商品の引渡しを条件に対価を受け取る契約を考える（図表 4 - 4）。この契約を会社側と顧客の双方が承認し、会社は商品を引き渡すこと、顧客は代金の支払いがそれぞれの履行義務となる（①）。また会社は代金を受け取る権利、顧客は商品を受け取る権利を識別した（②）。商品の支払条件は、商品を引き渡すことである（③）。そして本取引は循環取引のような経済的実質を有さないものではないことが確認された（④）。最後に会社は顧客の支払能力は問題ないと評価しており、商品を引き渡すことで対価を全額受け取れると期待している（⑤）。以上、本契約は①から⑤を満たしているため顧客との契約として識別することになる。

(2)　契約における履行義務を識別する

　契約における取引開始日に、顧客との契約において約束した財またはサービスを評価し、①別個の財またはサービス、または②一連の別個の財または

サービス[1]のいずれかを顧客に移転する約束のそれぞれについて履行義務として識別する（基準32項）。ここで認識された履行義務の単位に収益が算定されるため、契約から履行義務を抽出する作業は非常に重要となる。

別個の財またはサービスか否かは図表4−5で判定される。まず、基準34項(1)に従って顧客は各財またはサービス単独で便益を得られるか、あるいは顧客が容易に利用できる他の資源と組み合わせることで、その財またはサービスから便益を得られるかにより判定される。一方を満たしたうえで基準34項(2)および適用指針6項の諸要因のすべてに該当しなければ別個の財またはサービスに該当する。

図表4−5　別個の財またはサービスか否かの判定（基準34項、適用指針6項）

① 約束した財またはサービスが以下のいずれかを満たし、別個のものとなる可能性があるか（34項(1)）。
(1) 財またはサービスから単独で顧客が便益を享受することができるか。
(2) 財またはサービスと顧客が容易に利用できる他の資源を組み合わせて顧客が便益を享受できるか。

はい

② 財またはサービスを顧客に移転する約束が契約に含まれる他の約束と区分して識別でき、契約の観点において別個のものとなるか（34項(2)）。
　例えば、以下の場合においては、企業はその財またはサービスを他の財またはサービスと区分して識別できない（適用指針6項）。
(1) 他の財またはサービスとともにインプットとして使用し、結合後のアウトプットに統合する重要なサービスを提供している。
(2) 他の財またはサービスを著しく修正するか顧客仕様のものとする。
(3) 相互依存性または相互関連性が高く、それぞれが互いに著しく影響を受ける。

いいえ

はい　　　　いいえ

約束した財またはサービスは別個のもの（別個の履行義務）である。

複数の財またはサービスを単一の財またはサービス（単一の履行義務）とする。

（出典）　JICPA（2020）をもとに一部加筆（基準、適用指針の該当項を記入）。

1　例えば清掃サービス契約のように、同質のサービスが反復的に提供される契約等に適用できる場合がある（適用指針128項）。

例えば建設会社が病院を建設する契約を締結し、当該契約には、設計、現場の清掃、基礎工事、調達、建設、配管と配線、設備の据付けおよび仕上げが含まれていたとする[2]。これらの財またはサービスの多くは、当社または同業他社により、他の顧客に対して日常的に独立して提供されている。この場合各契約は財またはサービスから単独で便益を得るという要件を満たしている。すなわち設計から仕上げに至るまでの各契約から単独で便益を得ることができる。また財またはサービスと顧客が容易に利用できる他の資源を組み合わせて顧客が便益を享受することもできる。仮に当社が設計から基礎工事までを行い、以降の工事を顧客は別の建設会社に依頼することが可能である。したがって基準34項(1)は満たされる。しかし基準34項(2)の当該財またはサービスを顧客に移転する約束が契約に含まれる他の約束と区分して識別できることの要件には当てはまらないと考えられる。なぜなら当社の各契約は最終目的である病院を建設するためになされており、契約に含まれる他の約束と区分して識別できない。したがって、当該財またはサービスは別個のものではなく、契約で約束した財またはサービスのすべてを単一の履行義務として処理する。

(3)　取引価格を算定する

　履行義務を充足したときに、または充足するにつれて、取引価格のうち、当該履行義務に配分した額について収益を認識する（基準46項）。取引価格とは、財またはサービスの顧客への移転と交換に企業が権利を得ると見込む対価の額（ただし、第三者のために回収する額を除く[3]）をいう（基準47項）。

　取引価格を算定するに当たっては、図表4－6に示したとおり①変動対価、②契約における重要な金融要素、③現金以外の対価、④顧客に支払われる対価に関するすべての影響を考慮する（基準48項）。したがって、これらの影響を考慮すると取引価格は契約書に記載された金額の総額であるとは限らない。

2　適用指針、設例5－1を参考。
3　例えば売上げに係る消費税等（基準161項）。

図表 4 − 6　取引価格の算定

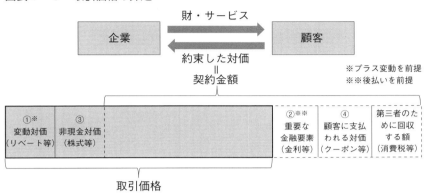

(出典)　筆者作成。

　①の変動対価とは、顧客と約束した対価のうち変動する可能性のある部分をいう（基準50項）。変動対価の例として、値引き、リベート、返金、インセンティブ、業績に基づく割増金、ペナルティー等の形態により対価の額が変動する場合や、返品権付きの販売等がある（適用指針23項）。変動対価の額の見積もりには、発生しうると考えられる対価の額における最も可能性の高い単一の金額（最頻値）による方法、または発生しうると考えられる対価の額を確率で加重平均した金額（期待値）のうちより適切に予測できる方法を用いる（基準51項）。

　②の契約における重要な金融要素とは、契約の当事者が明示的または黙示的に合意した支払時期により、財またはサービスの顧客への移転に係る信用供与についての重要な便益が顧客または企業に提供される場合には、顧客との契約は重要な金融要素を含んでいるものとされる（基準56項）。例えば、顧客と約束した対価（販売価格）10の製品を20X1年1月に販売し、代金の支払いを20X1年12月に行うが、1月中に支払いを行えば対価が9となる契約を考える（図表 4 − 7）。当該差額である1に後払いによる金利調整分の性格があると認められるのであれば、差額1は、重要な金融要素に該当する[4]。

　③の現金以外の対価の場合に取引価格を算定するに当たっては、当該対価

図表４－７　重要な金融要素

販売　　20X1年１月中に支払い　　　　　　　20X1年12月に支払い

（出典）　筆者作成。

を時価により算定する（基準59項）。

　④の顧客に支払われる対価とは、企業が顧客に対して支払うまたは支払うと見込まれる現金の額や、顧客が企業に対する債務額に充当できるものの額である。顧客に支払われる対価は取引価格から減額する。

⑷　履行義務への取引価格の配分

　それぞれの履行義務に対する取引価格の配分は、財またはサービスの顧客への移転と交換に企業が権利を得ると見込む対価の額を描写するように行う（基準65項）。財またはサービスの独立販売価格の比率に基づき、契約において識別したそれぞれの履行義務に取引価格を配分する（基準66項）。独立販売価格とは財またはサービスを独立して企業が顧客に販売する場合の価格をいう（基準９項）。

⑸　履行義務の充足による収益の認識

　企業は約束した財またはサービスを顧客に移転することにより履行義務を充足したときに、または充足するにつれて収益を認識する。資産が移転するのは、顧客が当該資産に対する支配を獲得した時または獲得するにつれてである（基準35項）。収益認識の方法を判定するに当たっては図表４－８を考慮して決める。

　図表４－８の要件のいずれも満たさず、履行義務が一定の期間にわたり充足されるものではない場合には、一時点で充足される履行義務として、資産

4　金利調整分の性格があると認められ、当該部分が重要である場合。

図表 4 - 8　収益認識方法の判定（基準38項）

次の(1)から(3)のいずれかを満たすか
(1)　企業が顧客との契約における義務を履行するにつれて、顧客が便益
　　を享受する
(2)　企業が顧客との契約における義務を履行することにより、資産が生
　　じるまたは資産の価値が増加し、当該資産が生じるまたは当該資産の
　　価値が増加するにつれて、顧客が当該資産を支配すること
(3)　次の要件のいずれも満たすこと
　①　企業が顧客との契約における義務を履行することにより、別の用
　　途に転用することができない資産が生じること
　②　企業が顧客との契約における義務の履行を完了した部分につい
　　て、対価を収受する強制力のある権利を有している

 はい 一定の期間にわたり収益を認識

 いいえ

一時点で収益を認識

（出典）　筆者作成。

に対する支配を顧客に移転することにより当該履行義務が充足されるとき
に、収益を認識する（基準39項）。資産に対する支配とは、当該資産の使用
を指図し、当該資産からの残りの便益のほとんどすべてを享受する能力をい
う（基準37項）。また、支配の移転を検討する際には次の(1)から(5)を考慮す
る（基準40項）。

(1)　企業が顧客に提供した資産に関する対価を収受する現在の権利を有し
　　ていること
(2)　顧客が資産に対する法的所有権を有していること
(3)　企業が資産の物理的所有権を移転したこと
(4)　顧客が資産の所有に伴う重大なリスクを負い、経済価値を享受してい
　　ること
(5)　顧客が資産を検収したこと

2.3 収益認識基準の計算例

　前項で整理した収益認識基準のステップに基づいて、図表4－9の設例を検討する。本設例は、商品の販売と保守サービスを12,000千円で提供する契約である。商品は当期首に引き渡され、保守サービスは当期首から翌期末までの2年間行う。以下では収益を認識するための5つのステップの順に、商品の販売と保守サービスの提供に係る契約への適用例を示す。

　ステップ1では顧客との契約を識別する。ステップ2では顧客との契約において約束した財またはサービスを評価し、別個の財またはサービスそれぞれについて履行義務として識別する。本設例では商品の販売（履行義務1）と保守サービスの提供（履行義務2）を別個の財またはサービスとした。この履行義務の2つが収益を認識する会計単位となる。

　ステップ3では商品の販売および保守サービスの提供に対する取引価格を求める。設例では12,000千円と算定される。ステップ4では、商品および保守サービスの独立販売価格に基づき、取引価格12,000千円を各履行義務に配

図表4－9　収益認識基準のステップの設例

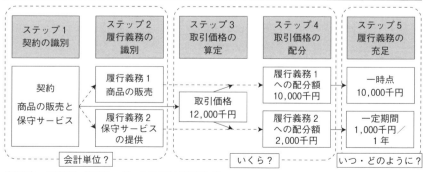

（出典）　国税庁（2018, p.6）を参考に筆者作成。

分する。財、サービスを独立して企業が顧客に販売する場合価格である独立販売価格は商品の販売が10,000千円、保守サービスの提供が2,000千円であった。この場合、取引価格12,000千円を、商品に10,000千円、保守サービスに2,000千円配分する。

最後のステップ5は収益の認識に係る。履行義務の性質に基づき、商品の販売は一時点で履行義務を充足すると判断し、商品の引渡時に収益を認識した。また、保守サービスの提供は一定の期間にわたり履行義務を充足すると判断し、当期および翌期の2年間にわたり収益を認識する。

3 サブスクリプション・モデルにかかわる会計上の論点

本節では収益認識に関する会計基準のうち、サブスクリプション・モデルの会計処理を行うに当たっての論点を整理する。第1にライセンスの供与に関する検討を行う。第2に契約負債について整理する。本節の検討に当たっては収益認識に関する会計基準に加えて、IFRS第15号の論拠も参考にする。

3.1　ライセンスの供与

情報のうち、発明・著作物等財産的価値を見出されているものを一般に「知的財産」と称し、そこに特別の法的保護を図ることとしている。「知的財産法」と総称される特許法や著作権法等の諸法令を定めている。そこでは、いわゆる「知的財産権」という包括的な概念を創設して、当該権利を保有するものが対象とする知的財産の利用に関する権利を占有するものとしている（小島 2007, pp.1-2）。

他者の知的財産権に係る知的財産の利用を目指す場合、知的財産権者から利用許諾を受ける契約はライセンス契約と呼ばれる。知的財産の利用権限を取得・付与する取引を実現する契約として活用されているのが、知的財産の利用を求める者が知的財産権者から知的財産の利用許諾を受け、当該知的財

産権に基づく差止請求権の行使等を受けないことを主たる内容とするライセンス契約である（小島 2007, p.5）。言い換えれば、ライセンスを供与する側（企業）は顧客に対して、許諾した一定の知的財産の利用を制限できない義務を負うことになる。企業は、この義務によって、顧客に対して企業が保有する知的財産の一部を利用できるようにするサービスを提供する。

　ライセンスは企業の知的財産を所有する権利ではなく、使用する権利である。ライセンスの供与を受けた顧客は知的財産に対する支配ではなく、知的財産を使用することに対する支配を獲得することになる。適用指針において、ライセンスとは、「企業の知的財産に対する顧客の権利を定めるもの」とされている（適用指針61項）。具体的なライセンスの例示として以下のものをあげている（適用指針143項）。

（1）　ソフトウェアおよび技術
（2）　動画、音楽および他の形態のメディア・エンターテインメント
（3）　フランチャイズ
（4）　特許権、商標権および著作権

　(1)から(4)のうち、(3)以外はサブスクリプションに関係する可能性がある。以下では図表4－10に提示した倉林（2018）の整理をもとにして、ライセンスの供与に関する会計処理を検討する。図表4－10では収益認識ステップのうち、ステップ2の履行義務の識別とステップ5の履行義務の充足が整理さ

図表4－10　「ライセンスの供与」に関する会計処理

履行義務の識別（ステップ2）		
ライセンスを供与する約束と顧客との契約における他の財またはサービスを移転する約束との関係	別個の約束でない場合	両方の約束を一括して単一の履行義務として処理する
	別個の約束である場合	ライセンスを供与する約束は独立した履行義務である

（出典）　倉林（2018, p.14）。

れている。

　ライセンスの供与に関する会計処理を検討するに当たっては、まず、ライセンスを供与する約束が顧客との契約における他の財またはサービスを移転する約束と別個の約束であるか否かがポイントとなる（図表４−10のステップ２）。顧客に約束した財またはサービスが別個のものであるかどうかの判定要件は図表４−５のとおりである。

　ライセンスを供与する約束を別個の約束として識別できないものにはDVDや紙ベースの書籍、CDや車両の運転システムに組み込まれたソフトウェアなどの有形製品および顧客がオンライン・サービスを通じてのみアクセスできるメディア・コンテンツのように関連するサービスと組み合わせた場合にのみ、顧客が便益を享受できるライセンスがあげられる（KPMG 2019, pp.208-209）。ほかにも関連するサービスとの組み合わせでしか顧客が便益を得ることができないライセンス（企業のインフラストラクチャーにアクセスすることによってのみ顧客がライセンス（ソフトウェアなど）を使用することを可能にするサービス（ホスティングまたはストレージサービスなど））を企業が提供する場合に生じる可能性がある（IFRS/B, 2017, 第BC406項, 翻訳, p.B1408）。

　ライセンスを供与する約束が、顧客との契約における他の財またはサービスを移転する約束と別個のものであり、当該約束が独立した履行義務である

履行義務の充足（ステップ５）		
収益認識会計基準35項から40項の定めに従い一定の期間に充足する履行義務であるか一時点で充足される履行義務であるかを判定する		
ライセンスを顧客に供与する際の企業の約束の性質が右のいずれを提供するものであるかを判定する	アクセス権	一定期間にわたり充足される履行義務として処理
	使用権	一時点で充足される履行義務として処理

場合には、ライセンスを顧客に供与する際の企業の約束の性質が、「アクセス権」「使用権」[5]のいずれを提供するものかを判定することとなる（図表4－9のステップ5）。ライセンスを供与する際の企業の約束の性質が「アクセス権」「使用権」のいずれに該当するかの判定要件は図表4－11のとおりである。

　図表4－11の基準は、知的財産が変化するのかどうかという観点から設定

図表4－11　企業の約束の性質の判定要件

約束の性質	判定要件
アクセス権	以下のすべてを満たす場合（適用指針63項）
	(1)　ライセンスにより顧客が権利を有している知的財産に著しく影響を与える活動を企業が行うことが、契約により定められている又は顧客により合理的に期待されていること（注）
	(2)　顧客が権利を有している知的財産に著しく影響を与える企業の活動により、顧客が直接的に影響を受けること
	(3)　顧客が権利を有している知的財産に著しく影響を与える企業の活動の結果として、企業の活動が生じたとしても、財またはサービスが顧客に移転しないこと
使用権	上記のいずれかに該当しない（適用指針64項）

（注）　以下のいずれかの場合には、企業の活動は、顧客が権利を有している知的財産に著しく影響を与える活動に該当する（適用指針65項）。

(1)	当該企業の活動が、知的財産の形態（例えば、デザインまたはコンテンツ）または機能性（例えば、機能を実行する能力）を著しく変化させると見込まれること
(2)	顧客が知的財産からの便益を享受する能力が、当該企業の活動により得られることまたは当該企業の活動に依存していること（例えば、ブランドからの便益は、知的財産の価値を補強するまたは維持する企業の継続的活動から得られるかあるいは当該活動に依存していることが多い）

（出典）　倉林（2018, p.15）

5　IFRS第15号ではアクセス権をa right to access、使用権をa right to useと表現している。

されている。顧客が権利を獲得した知的財産が動的なものであり、知的財産に対する企業の継続的な関与（当該知的財産に影響を与える活動を含む）の結果として変化する可能性がある。そうした場合には、顧客は移転時においてライセンスの使用を指図して、ライセンスからの残りの便益のほとんどすべてを獲得することができない可能性がある。言い換えると、ライセンスが顧客に提供するものは、その時々において存在している形態での知的財産に対するアクセスである（IFRS/B, 2017, 第BC403項, 翻訳, p.B1407）。

　サブスクリプション・モデルでは、顧客の獲得を長期間継続してもらう必要があるため、サービスやコンテンツを常に顧客のニーズに応えるようにアップデートするのも特徴である。そのため、アップデートが常に起こると想定される場合はアクセス権として判断することになるであろう（渡邊 2019, p.12）。

　最後に、履行義務の充足による収益の認識はライセンスを供与する際の企業の約束の性質に応じて会計処理が異なる点を、基準を用いて確認する（図表4－12）。

　ライセンス供与における企業の約束の性質が、ライセンス期間にわたり存在する企業の知的財産にアクセスする権利を提供する場合には、顧客は、企業の知的財産へのアクセスを提供するという企業の履行からの便益を、履行

図表4－12　アクセス権と使用権の履行義務の充足

企業の約束の性質に応じた会計処理	収益の認識
アクセス権に該当する場合には、一定の期間にわたり充足される履行義務として処理する（適用指針62項）。	一定の期間にわたり充足される履行義務については、履行義務の充足に係る進捗度を見積もり、当該進捗度に基づき収益を一定の期間にわたり認識する（基準41項）。
使用権に該当する場合には、一時点で充足される履行義務として処理する（適用指針62項）。	一時点で充足される履行義務として、資産に対する支配を顧客に移転することにより当該履行義務が充足される時に、収益を認識する（基準39項）。

が生じるにつれて同時に受け取って消費しているとみることができる（基準38項(1)）。ライセンスを供与する約束は、企業が履行義務を一定の期間にわたり充足するものとみて、その属性を一定の期間にわたり充足される履行義務であると判定する（適用指針146項）。

　一方、ライセンスを供与する際の企業の約束の性質が、ライセンスが供与される時点で存在する企業の知的財産を使用する権利である場合には、当該知的財産はライセンスが顧客に供与される時点で形態と機能性の観点で存在しており、その時点で顧客がライセンスの使用を指図し、当該ライセンスからの残りの便益のほとんどすべてを享受することができるため、ライセンスを供与する約束を一時点で充足される履行義務として処理する（適用指針147項）。

3.2　契約負債

　契約負債とは、財またはサービスを顧客に移転する企業の義務に対して、企業が顧客から対価を受け取ったもの、または対価を受け取る期限が到来しているものをいう（基準11項）。財またはサービスを顧客に移転する前に顧客から対価を受け取る場合、顧客から対価を受け取ったとき、または対価を受け取る期限が到来したときのいずれか早い時点で、顧客から受け取る対価について契約負債を貸借対照表に計上する（基準78項）。

　つまり、財またはサービスを顧客に引き渡す義務はまだ履行していない状態であるが、顧客から対価を受け取っているときに計上する科目が契約負債となる。契約の当事者である企業および顧客のうち顧客が、企業よりも先に義務を履行する場合契約の当事者である企業は負債を認識する必要がある。

4　IT業界でサブスクリプション・モデルを行う企業の会計処理

　本節では、サブスクリプション・モデルを採用しているIT業界の上場企

業に焦点を当て、FORM 10-Kで開示される財務諸表の会計処理を整理する。国内の大会社や上場企業において、企業会計基準第29号「収益認識に関する会計基準」が強制適用となったは2021年4月からであり、当該基準を適用した有価証券報告書の開示は少数である。一方米国上場企業は「顧客との契約から生じる収益」（IFRS第15号、Topic 606）をすでに適用している。企業会計基準第29号を作成する際にもこれらの基準との整合性を重視しているため、米国上場企業の財務諸表を分析することは国内企業がサブスクリプション・モデルの会計処理を検討する際に参考となる。

第1にZoom Video Communications, Inc.（以下「Zoom社」）、第2にSalesforce.com Co., Ltd.（以下「salesforce.com社」）、第3にSpotify Technology S.A.（以下「Spotify社」）のFORM 10-K（Spotify社はFORM 20-F）を取り上げる。なお、本節は最新年度のAnnual Reportの情報に従っており、引用したページ数のみを記載する。

4.1　Zoom社

Zoom社はビデオ通信を摩擦のない安全なものにすることを使命としている。具体的なサービスは、ビデオファーストのユニファイドコミュニケーションプラットフォーム（unified communications platform：以下「UCP」）を提供することである。これはビデオ、電話、チャット、コンテンツ共有が一体となったプラットフォームである。

2021年3月のFORM 10-Kの情報から同社の顧客との契約から生じる収益の認識・測定方法を確認する。同社はプラットフォームに対するサブスクリプションからの収益を契約期間にわたって認識している。その結果、各四半期に計上される収益の一部は、前四半期に契約したサブスクリプションに関連する繰延収益（deferred revenue）[6]の認識から生じている。同社のサブスクリプションベースの収益モデルは、新規顧客や既存顧客が同社プラット

6　契約負債は繰延収益で構成される。履行に先立ち請求する権利を有している場合、収益は繰り延べられる（p.55）。

フォームの利用を増やしたり、Zoom Meetingプランの高価格帯にアップグレードしたりした場合の収益を、該当するサブスクリプション期間にわたって認識しなければならない（p.24）。同社の収益は、UCPへのアクセスに関する顧客とのサブスクリプション契約から得ている。顧客は通常、同社のソフトウェアを所有することはできない（pp.54-55）。

以下ではpp.54-55に記述されている収益認識に関するステップを要約する。

(1) 顧客との契約の識別

顧客との契約は、契約が承認され、移転されるサービスに関する各当事者の権利が特定でき、サービスの支払条件が特定でき、顧客に支払能力と意思があり、契約に商業的実体がある場合に存在すると判断している。契約開始時には、2つ以上の契約を結合して単一の契約として会計処理すべきかどうか、また、結合された契約または単一の契約に複数の履行義務が含まれているかどうかを評価する。顧客の支払能力および支払意思の判断は、顧客の過去の支払実績や、新規顧客の場合は顧客に関連する信用情報や財務情報などのさまざまな要因に基づいて行う。

(2) 契約上の履行義務の識別

契約で約束された履行義務は、顧客に移転されるサービスに基づいて識別される。同社の履行義務は、主にUCPへのアクセスに関するもので、1つまたは複数のソフトウェアベースのサービスで構成されている。顧客は同社のソフトウェアを所有することはできず、同社のプラットフォームへのアクセスを通じて、サブスクリプションの期間中に一連のソフトウェアベースのサービスの提供を受けている。

(3) 取引価格の決定

取引価格は、顧客へのサービスの提供と引き換えに同社が受け取ることが期待される対価に基づいて決定される。変動対価は、同社の判断により、契約に基づいて認識された繰延収益の重要な取崩しが将来発生しない可能性が高い場合に、取引価格に含まれる。同社の契約には、重要なファイナンス要素を含むものはない。収益は、顧客から徴収した後に政府機関に送金される

税金（売上税などの間接税）を控除して認識する。

UCPおよび関連サービスは、通常、サブスクリプション契約の条件に準拠した専門的な方法で実行されることが保証されている。また、顧客に対して、一定レベルの稼働率と性能を保証し、これらのサービスレベルを満たせなかった場合に顧客がクレジットを受け取ることを認めるサービスレベルコミットメントを含んでいる。これらのクレジットは変動対価の一形態である。

⑷　取引価格の契約上の履行義務への配分

複数の履行義務を含む契約では、各履行義務の相対的な独立販売価格に基づいて、各履行義務に取引価格を配分する必要がある。同社の複数の履行義務を含む契約は、一般的に同一の契約期間で販売され、顧客への移転パターンも同じであるため、契約上は一体となった1つの履行義務として会計処理される。したがって、取引価格はこの単一の履行義務に配分される。

⑸　履行義務の充足時または充足に伴う収益の認識

収益は、約束されたサービスの支配権が顧客に移転することにより、関連する履行義務が充足された時点で認識している。収益は、これらのサービスと引き換えに受け取ることが期待される対価を反映した金額で認識している。UCPおよび関連サービスへのアクセス料は、サブスクリプション収益であり、1つの履行義務とみなされ、関連収益は履行義務の充足に応じてサブスクリプション期間にわたって分割して認識される。

最後に契約負債を整理する。契約負債は繰延収益で構成されている。収益は、顧客との契約に基づく履行に先立って請求する権利を有している場合に繰り延べられる。繰延収益のうち、1年以内に認識される部分は、次の12カ月間に認識される。

4.2　salesforce.com社

salesforce.com社は企業と顧客を結びつける顧客関係性管理（「CRM」）のシステムを提供する企業である。システム、アプリ、デバイス間で顧客デー

タを接続して、同社のシステムを利用する企業がどこからでも販売、サービス、マーケティング、商取引を行うのを支援する。

2021年3月のFORM 10-Kの情報から顧客との契約から生じる収益の認識・測定方法を確認する。以下ではpp.85-87に記述されている内容を特にサブスクリプションやライセンスを供与する取引に焦点を当てて要約する。

同社の収益は、以下の2つの要素から成り立っている。①エンタープライズ・クラウド・コンピューティング・サービス（以下「クラウド・サービス」）にアクセスする顧客からのサブスクリプション料、ソフトウェアライセンス料、および基本サブスクリプション料に含まれる標準サポートを超える追加サポート料からなるサブスクリプション収益、および②プロセス・マッピング、プロジェクト管理、導入サービスなどの関連プロフェッショナル・サービスからなる収益である。2つの要素のうち①を取り上げる。

①サブスクリプション収益は、契約期間中に顧客にクラウド・サービス、ソフトウェアライセンス、関連サポートおよびアップデートへのアクセスを提供する料金で構成されている。クラウド・サービスを利用することで、顧客はソフトウェアを所有することなく、同社のソフトウェアを利用することができる。収益は通常、契約期間にわたって分割して認識する。

サブスクリプションおよびサポートの収益には、期間限定のソフトウェアライセンスに関連する収益も含まれる。顧客が購入したオンプレミス型ソフトウェアライセンスは、利用可能になった時点で存在するソフトウェアを使用する権利を顧客に提供するものである。ソフトウェアライセンスからの収益は、通常、ソフトウェアが顧客に提供された時点で認識される。ソフトウェアの更新およびサポート収入に収益を配分する場合、配分された収益は更新が提供された時点で認識されるが、これは通常、契約期間にわたって分割して認識される。

同社は通常、年1回顧客に請求書を発行している。一般的な支払条件は、請求書の発行日から30日以内に支払うことである。請求書に記載された金額は、顧客への支配権の移転の有無に応じて、売掛金および前受収益または収

益に計上される。

同社は顧客との間で、複数のクラウド・サービス、ソフトウェアライセンス、プレミアムサポート、プロフェッショナル・サービスの提供を約束する契約を締結している。クラウド・サービスとソフトウェアライセンスは、別々に販売されることが多いため、区別される。また、複数の履行義務を負う契約に含まれるプロフェッショナル・サービスは別個のものであると判断[7]している。

同社は、各履行義務に取引価格を相対的な独立販売価格に基づいて配分している。同社が製品やサービスを個別に販売または価格設定していない場合、同社は市場の状況やその他の観察可能なインプットを含む情報を用いて相対的な公正価値を決定している。

4.3　Spotify社

Spotify社はオーディオ・ストリーミングを主要な事業としている。同社のプレミアム・サービスは、音楽およびポッドキャストなどをストリーミングによって無制限に利用できるサービスである。同社は音楽などのサービス提供をするために、コンテンツ所有者との契約によってライセンスを確保している。

2021年2月のFORM 20-Fの情報から同社の顧客との契約から生じる収益の認識・測定方法を確認する。以下ではpp.52-53に記述されている内容を特にサブスクリプションを供与する取引に焦点を当てて要約する。同社の主な収益はオーディオ・ストリーミングを有料で利用する顧客から得られるプレミアム収入と、オーディオ・ストリーミングを無料で利用する場合に表示される広告から得られる広告収入がある。

7　別個のものであるかどうかを判断するに当たり、プロフェッショナル・サービス契約ごとに、他のベンダーからのサービスの入手可能性、プロフェッショナル・サービスの性質、サブスクリプションの開始日と比較したプロフェッショナル・サービス契約の締結時期、プロフェッショナル・サービス業務に対する顧客の満足度に対するサービスの契約上の依存度などの要因を考慮している。

プレミアム収入はプレミアム・サービスの販売から得られる。プレミアム・サービスは、エンドユーザーに直接販売されるほか、パートナーである通信事業者が自社のサービスとセットにして販売される。エンドユーザーからのサブスクリプションの対価を受領する。エンドユーザーに販売されるプレミアム・サービスは、前月に支払われる。同社はこれらのサービスの履行義務を果たし、収益は契約期間にわたり定額法で認識する。

　パートナーを通じて販売されるプレミアム・サービスは、パートナーとの契約において、加入者1人当たりの料率に基づいて収益として認識される。これらの契約において、プレミアム・パートナーは、自社の既存製品にプレミアム・サービスをセットにすることができる。同社は、これらのサービスに関する履行義務を満たし、収益を定額法により契約期間にわたって認識している。同社は、すべてのパートナーとの契約について、パートナーが本人として行動しているか代理人として行動しているかを含む事実および状況を評価し、収益を総額あるいは純額で認識する。プレミアム・パートナーのサービスには、総額表示か純額表示かにかかわらず、プレミアム・サービスの提供という1つの重要な履行義務がある。

　また、プレミアム・サービスに第三者のサービスや製品を組み合わせることもある。複数の履行義務を有するセット契約では、取引価格は独立販売価格に基づいて各履行義務に配分される。独立販売価格は顧客に請求された価格に基づいて決定している。セット契約内の各履行義務について、収益は契約期間にわたる定額法、もしくはサービスまたは製品の支配が顧客に移転した時点で認識される。

　次に広告収入であるが、ポッドキャストのダウンロードを通じて配信されるディスプレイ広告、オーディオ広告、ビデオ広告を主な収入源として、広告サポート事業を行っている。同社は、広告代理店のクライアントにかわって同社のプラットフォーム上で広告を購入する広告代理店や、一部の大手広告主と直接契約を締結している。

5 会計処理の比較

　本節では前節で整理したサブスクリプション・モデルを採用する企業３社の会計処理を比較する。第１に、履行義務の識別、第２に履行義務の充足、第３に契約負債について整理する。

　まず、履行義務の識別である。Zoom社の履行義務はUCPの提供を単一の履行義務として識別していた。UCPの提供にあたってはビデオ、電話、チャット、コンテンツ共有が一体となったプラットフォームを用いている。salesforce.com社はクラウド・サービスへのアクセス、ソフトウェアライセンス、関連サポート、アップデートからなるサブスクリプション収益を履行義務として識別している。また、期間限定のソフトウェアライセンスがある。顧客が購入したオンプレミス型ソフトウェアライセンスは、利用可能になった時点で存在するソフトウェアを使用する権利を顧客に提供するものである。この期間限定のライセンスを履行義務として識別している。Spotify社はオーディオ・ストリーミングを広告なしで提供することを履行義務とした（プレミアム収入に該当する履行義務）。

　次に、履行義務の充足であるが、Zoom社の収益であるアクセス料はUCPおよび関連サービスへのアクセスが可能なサブスクリプション期間にわたって分割して認識されるとしている。salesforce.com社はクラウド・サービスを利用することで、顧客は同社のソフトウェアを利用することができ、収益は契約期間にわたって分割して認識するとしている。なお、オンプレミス型ソフトウェアライセンスは、利用可能になった時点で存在するソフトウェアを使用する権利を顧客に提供するものであり、ソフトウェアが顧客に提供された時点で認識される。Spotify社はサービスの履行義務を果たし、収益は契約期間にわたり定額法で認識するとしている。

　履行義務の識別と履行義務の充足を整理したところ、３社ともサブスクリプション・モデルを提供するためのプラットフォームやソフトウェアといっ

た知的財産権の性質を持つ資産を活用して事業を行っているが、いずれの企業もサブスクリプションによる収益認識をするに当たってのライセンス供与に関する扱いを明示していなかった。これは、ライセンスを供与する約束と顧客との契約における他の財またはサービスを移転する約束との関係を一体ととらえていることが要因であると考えられる。例えばZoom社の場合、サービスの提供に当たってはビデオ、電話、チャット、コンテンツ共有が一体となったプラットフォームを用いており、UCP提供という履行義務のなかでさまざまな知的財産が用いられている。したがって、アクセス権、使用権という判断をする必要がなく、収益認識会計基準35項から40項の定めに従った処理がなされていると考えられる。

　なお、salesforce.com社が提供するオンプレミス型ソフトウェアライセンスは、ライセンスの供与に該当する。同社はこのライセンスを使用権ととらえているため、一時点で充足される履行義務として処理している。

　最後に契約負債であるが、3社とも契約負債を認識していた。これは例えば1年分のサブスクリプション契約をした企業から受け取った対価を月割計算で収益計上していることが原因であると考えられる。対価のうち、次期の会計期間に繰り越される対価については、いまだにサービスの提供が完了していないため繰延収益となり、財務諸表上は契約負債として表示される。

6 利用者側からみたリースとサブスクリプションの比較

　本節では利用者側からみた、新リース会計基準とサブスクリプションの会計処理の比較を行う。新リース会計基準はIFRS第16号「リース」を指している。日本の会計基準が今後国際会計基準との整合性を保つ観点から影響を受ける可能性がある。ここでは第1に従来のリース取引と新リース取引について確認する。第2にリース対象にサブスクリプションが含まれるのかを検討する。最後にリースとサブスクリプションの会計処理について比較を行

う。

　第1に、リースに関する従来の会計処理は、リースをファイナンス・リースまたはオペレーティング・リースのいずれかに分類して、それら2種類のリースを異なる方法で会計処理することを要求していた（IFRS/B, 2017, 第BC3項, 翻訳, p.B1548）。すなわち、ファイナンス・リースに該当する取引はリース物件に係るリース資産とリース債務を貸借対照表に計上するのに対して、オペレーティング・リースに該当する取引はリース物件を貸借対照表に計上しない。新リース会計基準は、リース期間中に借り手は原資産の使用を支配しており、リース料の支払いを行う義務を負っているという前提に立つ。この前提はファイナンス・リースでもオペレーティング・リースでも変わらない。そのためIFRS第16号では2つの区分を廃止した。リース会計に該当する取引の場合、借方に使用権資産を貸借対照表に計上し、貸方にリース負債を計上する（図表4－13）。

　損益計算書上について、リースに関する従来の会計処理は、ファイナン

図表4－13　リース基準の貸借対照表の比較

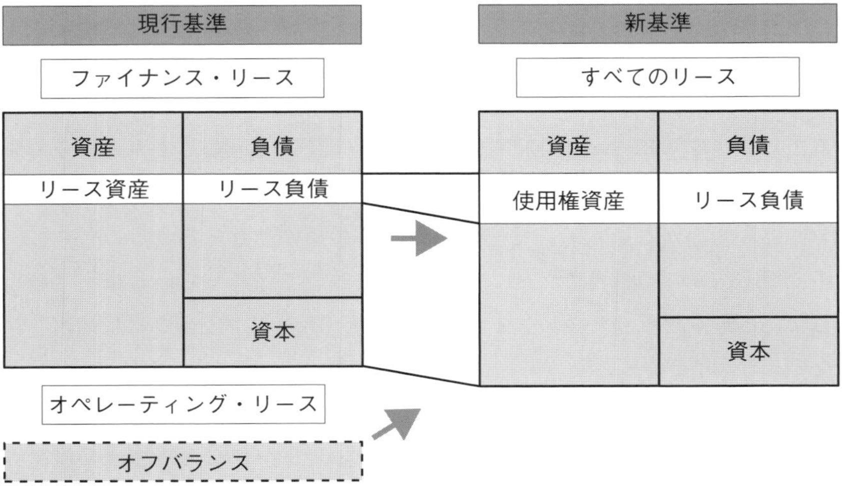

（出典）　公益社団法人リース事業協会（2019）。

図表 4 −14　リース基準の損益計算書の比較

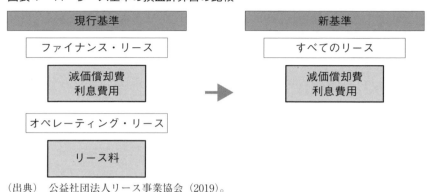

（出典）　公益社団法人リース事業協会（2019）。

ス・リースに該当する場合リース資産の減価償却費とリース債務の返済額の
うち利息に相当する部分が計上されるのに対して、オペレーティング・リー
スに該当する取引は支払リース料のみが計上される。新リース会計基準の場
合はすべてのリース物件について減価償却費と利息費用を損益計算書上に計
上する（図表 4 −14）。

　次に、サブスクリプションがリースに含まれるのかを検討する。IFRS第
16号ではリースの識別として、契約が特定された資産の使用を支配する権利
を一定期間にわたり対価と交換に移転する場合には、当該契約はリースであ
るとしている（IFRS/A, 2017, 第 9 項, 翻訳, p.A631）。まず特定された資産であ
るが、サブスクリプションは対象のモノを特定する必要がない。また期間に
ついても定めがないため、リースには該当しないと考えられる。さらに、
IFRS第16号のなかでもライセンス契約に基づいて保有している権利は適用
しないとあるため、ソフトウェアを介したサブスクリプションには適用され
ないことが予想される。

　最後に、リースとサブスクリプションが財務諸表に与える影響を比較する
（図表 4 −15）。まず、貸借対照表で比較をすると、リースの場合は使用権資
産が資産として計上され、リース債務が負債に計上される。サブスクリプ

図表4−15 リースとサブスクリプションが財務諸表に与える影響

	リース	サブスクリプション
貸借対照表	使用権資産、リース負債	オフバランス
損益計算書	減価償却費、利息費用	使用料
キャッシュフロー計算書	リース料 （間接法の場合は 減価償却費を調整）	使用料

（出典） 筆者作成。

ションの場合は、資産、負債のオンバランスは不要である。次に、損益計算書での比較である。リースの場合は、使用権資産の減価償却費とリース料に含まれる利息費用が計上される。サブスクリプションの場合はサブスクリプション利用の対価として支払う使用料が計上される。最後に、キャッシュフロー計算書への影響である。リースの場合はリース料の支払額が計上される。減価償却費はキャッシュアウトフローが伴わない費用である。サブスクリプションの場合は使用料がそのまま計上される。したがってサブスクリプションを利用する企業にとってはキャッシュアウトフローと会計が完全一致することになる。このような処理をふまえると、サブスクリプションの利用は企業財務担当者にとって、資金繰りの計画がしやすくなると考えられる。

7 令和3年税制改正の影響とサブスクリプション・モデル

　本節では令和3年税制改正がサブスクリプション・モデルに与える影響をまとめる。サブスクリプション・モデルを導入する企業にとって有利となる税制改正とは、研究開発税制の対象にソフトウェアが拡充される点についてである。

　研究開発税制とは、企業が研究開発を行っている場合に、法人税額（国

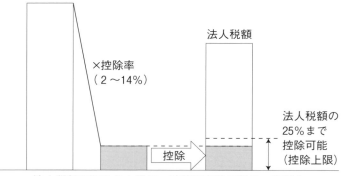

図表 4 −16　研究開発税制の利用イメージ

試験研究費の額　〔大企業が、総額型を利用する場合〕

法人税額

×控除率
（2 〜14%）

法人税額の
25%まで
控除可能
（控除上限）

控除

法人税額の25%を上限に、試験研究費の額の一定割合
（2 〜14%）を法人税額から控除することが可能。

（出典）　経済産業省（2021, p.3）。

税）から、試験研究費の一定割合（2 〜14%）を控除できる制度である（図表 4 −16参照）。控除できる金額は、原則として法人税額の25%が上限である。研究開発税制の対象となる試験研究費の見直しとして、試験研究費のうち、研究開発費として損金経理をした金額で非試験研究用資産の取得価額に含まれるものを加える（税制調査会 2020, p.66）。ここでいう非試験研究用資産とは、棚卸資産、固定資産および繰延資産で、事業供用のときに試験研究の用に供さないものをいう。

　上記の非試験研究用資産の具体例にクラウドを活用したソフトウェアがある。DX化促進のためには、クラウドを活用してソフトウェアを提供する仕組みの構築が不可欠である。そのため、支援対象外となっているソフトウェアに関する研究開発が支援対象に追加された。

　従来のパッケージソフトウェア（図表 4 −17）の試験研究費は、現行税制でも税額控除対象となっていた。一方クラウドを通じてサービス提供を行うソフトウェアについて、試験研究開発費は税務上資産計上される（図表 4 −18）。これについて、現行税制では対象外であったが、税額控除対象となっ

図表 4 −17　パッケージソフトウェア

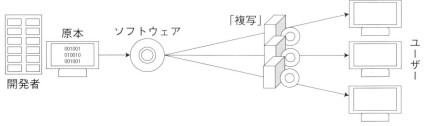

（出典）　経済産業省（2020, p.14）。

図表 4 −18　クラウドを通じてサービス提供を行うソフトウェア

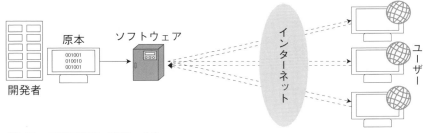

（出典）　経済産業省（2020, p.14）。

た。

　自社利用のソフトウェアには社外の第三者に付加価値を提供するためのソフトウェアが含まれる。例えばクラウド・サービス等、インターネット等を介してサービス提供を行うソフトウェア（SaaS、MaaS、HaaS等）がある。まさにサブスクリプション・モデルを実践している企業、今後導入予定の企業にとってメリットを受ける税制改正となっている。

8 財務・税務視点によるサブスクリプション会計処理　まとめ

本章ではIT企業に焦点を当ててサブスクリプション・モデルの会計処理

を検討することを目的とした。まず、サブスクリプション・モデルの特徴を
ふまえたうえでの会計処理としてライセンスの供与が論点になると思われる
が、国外企業が開示しているFORM 10-K（Spotify社はFORM 20-F）を確認し
たところ、サブスクリプションによる収益認識をするに当たってライセンス
の供与を明示していなかった。これは、ライセンスを供与する約束と顧客と
の契約における他の財またはサービスを移転する約束との関係を一体ととら
えていることが要因であると考えられる。したがって、アクセス権、使用権
という判断をする必要がなく、収益認識会計基準35項から40項の定めに従っ
た処理がなされていると考えられる。

　次に、借り手の立場からリースとサブスクリプションの会計処理を比較し
た。ソフトウェアを介したサブスクリプションには適用されないことが予想
される点を示した。そのうえでリースとサブスクリプションの会計処理に
よって財務諸表にどのような影響を及ぼすのかを比較した。

　最後に、令和3年税制改正がサブスクリプション・モデルに与える影響を
まとめた。サブスクリプション・モデルを実践している企業、今後導入予定
の企業にとってメリットを受ける税制改正となっていることを示した。

《参考文献》

IFRS（2017）*International Financial Reporting Standards,* IFRS Foundation.
　IFRS財団編　企業会計基準委員会・公益財団法人財務会計基準機構監訳（2017）
　『IFRS基準　Part A』中央経済社。

IFRS（2017）*International Financial Reporting Standards,* IFRS Foundation.
　IFRS財団編　企業会計基準委員会・公益財団法人財務会計基準機構監訳（2017）
　『IFRS基準　Part B』中央経済社。

JICPA（2020）「Q&A　収益認識の基本論点　論点1　約束した財又はサービスが
　別個のものか否かの判断」The Japanese Institute of Certified Public Accoun-
　tants。

KPMG（2019）『Revenue　顧客との契約から生じる収益　IFRS第15号　ハンド
　ブック』KPMG。

salesforce.com, inc.（2021）*FORM 10-K*
　https://s23.q4cdn.com/574569502/files/doc_financials/2021/ar/Salesforce-FY-

2021-Annual-Report.pdf（2021年12月30日閲覧）.

Spotify Technology S.A.（2021）*FORM 20-F*
　https://d18rn0p25nwr6d.cloudfront.net/CIK-0001639920/4e770a8c-ee99-49a8-
　9f9e-dcc191807b56.pdf（2021年12月30日閲覧）.

Zoom Video Communications, Inc.（2021）*FORM 10-K*
　https://investors.zoom.us/static-files/7fc4246d-02c3-4653-ba5f-9cbb22e2baeb
　（zoom.us）（2021年12月30日閲覧）.

榎隆司（2007）「企業を熱くする最新テクノロジSaaS　ASPを強化して利便性向上
　システム共用化とメタデータが鍵」『NIKKEI COMMUNICATIONS』479：
　pp.102-107。

企業会計基準委員会（2018）『企業会計基準第29号「収益認識に関する会計基準」』
　財務会計基準機構。

企業会計基準委員会（2018）『企業会計基準適用指針第30号「収益認識に関する会
　計基準の適用指針」』財務会計基準機構。

倉林洋介（2018）「「収益認識に関する会計基準等」インダストリー別解説シリー
　ズ⑴第1回　メディア・コンテンツ業界―ライセンスの供与」『テクニカルセン
　ター　会計情報』504：pp.14-22。

経済産業省（2020）「令和3年度（2021年度）経済産業関係　税制改正について」
　経済産業省。

経済産業省産業技術環境局技術振興・大学連携推進課（2021）「研究開発税制の概
　要と令和3年度税制改正について」経済産業省。

公益社団法人リース事業協会（2019）「新リース会計基準（国際基準・米国基準）
　の概要」公益社団法人リース事業協会。
　https://www.leasing.or.jp/toppage/docs/20190201top.pdf（2021年1月8日　閲
　覧）。

国税庁（2018）「「収益認識に関する会計基準」への対応について～法人税関係～」
　国税庁。

小島喜一郎（2007）「ライセンス契約の法的性質について―民法典型契約規定にも
　とづく分析と検討」『専修法学論集』101：pp.1-40。

榊正壽（2019）「時事解説　サブスクリプションが会計を揺るがす？」『企業会計』
　71(8)：pp.95-100。

桜井久勝（2021）『財務会計講義　第22版』中央経済社。

税制調査会（2020）『令和3年度税制改正大綱』。

谷守正行（2017）「サブスクリプション・モデルの管理会計研究」『専修商学論集』
　105：pp.99-113。

谷守正行（2021）「サブスクリプション・モデルによる価格設定の研究―銀行アカ
　ウントフィーへの適用シミュレーション―」『管理会計学』29(1)：pp.91-108。

内閣府（2020）『令和 2 年度年次経済財政報告（経済財政政策担当大臣報告）―コ
　　ロナ危機：日本経済変革のラストチャンス―』内閣府。
森田寛之・竹田明香（2021）「財務・税務担当にとってのサブスクリプション(1)：
　　サブスクリプションビジネスの特徴とビジネス・モデル設計の観点」『会計情
　　報』539：pp.38-43。
山崎洋一（2006）「有力サービスが日本上陸、通信事業者も続々参入　「SaaS」に
　　乗り遅れるな」『NIKKEI COMMUNICATIONS』475：pp.118-123。
渡邊景輔（2019）「収益認識基準を踏まえたサブスクリプションの会計・税務ポイ
　　ント」『旬刊経理情報』1543：pp.7-16。

第 5 章

投資家にとっての
サブスクリプション

□ はじめに

本書ではこれまで、サブスクリプションの定義とモデル化、そして事業運営主体、銀行、顧客および財務担当者などそれぞれの立場からみたサブスクリプション・ビジネスに求める事業存在価値を論じてきた。本章では、投資家からの目線によるサブスクリプション・ビジネス、あるいは当該ビジネスの運営主体である企業に対する価値評価手法を考察していく。

1 企業価値評価手法の概要

1.1 企業価値評価手法の概観

(1) 国税庁「財産評価基本通達」による評価

まず一般的な企業価値評価手法につき概観する[1]。従前より存在する企業価値評価の方法としては、評価対象企業の株式を相続・贈与等行った場合における、国税庁の定める財産評価基本通達に基づく評価手法が存在する。これによると取引相場のある株式であれば、取引価格（金融商品取引所の価格や日本証券業協会の公表する価格）をベースに算出するとされる。そして非上場株式であれば、純資産価値方式（企業の総資産をいまの時価で洗い替え、負債および評価差額に対する法人税額等相当額を差し引いた後の株主に帰属する金額での評価手法）、類似業種比準方式（類似業種の株価をもとに、国税庁が業種ごとに定める倍率を、配当金額、利益金額および簿価での純資産価額の3要素で比準して評価する方法）、あるいは簿価ベースで算出するものであった。

---

1 本章で議論する企業価値評価手法については、特に断りのない限り、基本的には鈴木（2004；2018）が言及するモデルを参考とし、必要に応じてMcKinsey & Company et al.（2015；2020）なども参考にしていく。特に必要な引用部分については、個別に明記する。金利表記は、特段の断りがない限りすべて年率である。

(2) キャッシュフローベース評価の代表例としてのエンタープライズ
　　DCF法

　一方で企業価値評価手法は、バブル経済崩壊とともに金融機関における不良債権問題が本格的に顕在化した1990年代以降、わが国でもM&Aが活発化するにつれ、買収対象企業（あるいは事業）から将来得られると見込まれるキャッシュフローをもとに算出する手法が主流となってきた。ここでは、この算出手法を本章での企業の価値評価に対しても適用する。

　とりわけ代表的なものは、エンタープライズ・ディスカウントキャッシュフロー（以下「エンタープライズDCF」）法であろう。エンタープライズDCF法による評価手法、および考慮する各要素は後段にてあらためて説明する。

(3) EBIT／EBITAを利用するマルチプル法での評価

　また買収対象企業（あるいは事業）が稼ぐ力をEBIT（Earnings Before Interest, Taxes；利払税引前利益）（「イービット」と呼ぶ）あるいはEBITA（Earnings Before Interest, Taxes, and Amortization；利払税引前・有形固定資産除く償却前利益）（「イービッター」と呼ぶ）で計測し、その値に対する倍率で評価するマルチプル（倍率）法も、同業種内での比較しやすさから、金融機関やファンドでは前述したエンタープライズDCF法と併用的に活用されている。ここでは、このマルチプル法を本章での企業の価値評価に対しても適用する。マルチプル法を用いた評価手法についても詳しくは後段にて説明する。

(4) 中小企業M&Aでの年買法による企業価値評価

　中小企業のM&Aでは筒井（2014, p.34）によれば、企業価値評価手法として技術力や将来性等の非財務面の強みを「営業権」（のれん）として加味し、「時価純資産価額」＋「営業権」の金額を企業価値とする方法も一般的である。その際、営業権を「年買法」と呼ばれる方法（役員報酬、私的経費、交際費、節税目的の保険等により圧縮した利益などを適正水準に調整して求められる実質利益の1〜3年分[2]）で算出することも多い。なお年買法についての詳細

2　東京都事業承継・引継ぎ支援センターホームページによる。

な説明は、当該分野の専門書に委ねることとする。

1.2　エンタープライズDCF法による価値評価プロセス

本項ではまず、企業価値評価手法として代表的といえるエンタープライズDCF法の評価プロセスについてみていく。

(1)　キャッシュフローの現在価値

コーポレート・ファイナンス理論では、企業や資産の理論的価値が当該企業や資産によって将来生み出すと予想される、キャッシュフローの現在価値の合計（総和）（鈴木 2018, p.14）であるとする。この総和を求めるのに必要となる、毎年生じるキャッシュフロー（CF）の現在価値（PV）は、次の計算式で表される。

$$PV = \frac{CF_n}{(1+r)^n}$$

CF_nはn年後に発生するキャッシュフローであり、rは割引率である。そしてこの割引率は、評価対象企業において将来にわたってキャッシュフローを生み出す評価対象事業の現在価値の算出を必要とする者（事業主体、投資家）が、当該対象事業に対して求める期待収益率である。

この割引率であるrが期待収益率でもある理由は、鈴木（2018, pp.28-31）も示すとおり、本章が想定する行動主体である投資家の立場で考察していくことにより解明しうる。投資家は常に、同程度の期待収益率を提供しうる類似の（ここではリスクが同程度という意味）投資機会と比較する立場にある。そうした投資家は、当該評価対象事業が魅力的な収益獲得対象であるかを確認するために、期待収益率をそのまま割引率として使用し、キャッシュフローの現在価値PVを算出することで、そうした類似の投資機会と比較し、よりPVが大きい投資機会を選定することとなる。こうしたことから、割引率のrに期待収益率を適用するのである。

ちなみに、毎年1回1万円ずつキャッシュフローを3年間にわたって生み出す事業の価値を求める場合、投資家の当該事業に期待する収益率が年率

10%だとすると、当該事業の現在価値は次のように2万4,867円と算出される。

$$PV = \frac{CF_1}{(1+r)^1} + \frac{CF_2}{(1+r)^2} + \frac{CF_3}{(1+r)^3}$$

$$= \frac{10,000円}{(1+0.1)^1} + \frac{10,000円}{(1+0.1)^2} + \frac{10,000円}{(1+0.1)^3}$$

$$= 9,090円 + 8,264円 + 7,513円$$

$$= 24,867円$$

(2) ポートフォリオの形成

上記では1つの資産につき検討してきたが、世の中には債券、株式も含め無数のリスク資産が存在する。そしてそれらは、リスク（ここでは分散、標準偏差という意味で用いる[3]）およびリターンもそれぞれ異なる。

投資家は通常、単一銘柄のリスク資産だけを保有することはない。1つの銘柄に保有資産を集中させた場合、予想しなかったアクシデントに見舞われることもある。このため、そういった事象が生じた場合でも、他の銘柄からのリターンを得ることができるような行動をとる。こういった分散投資の行動をポートフォリオの形成という。それによって投資家は、リスクの低減を図るのである。

しかしながら、ポートフォリオのリスクをゼロにはできないことが、経験で明らかとなっている。図表5－1は、ポートフォリオの分散投資数とリスク低減効果のイメージを表している。ポートフォリオのリスクを表す曲線は、ポートフォリオの対象投資数をどんなに増やしても、点線より下にいくことはできないとされている。すなわちポートフォリオには、完全には消し去ることができないリスクが存在しているのである。

そして図表5－1にも表すとおりポートフォリオには、分散により低減可能なリスクである固有リスクと、完全には消し去ることができない、市場全

3　リスクに関しては、鈴木（2018, pp.36-42）が詳しく説明しており、そちらを参照されたい。

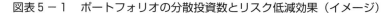

図表5-1　ポートフォリオの分散投資数とリスク低減効果（イメージ）

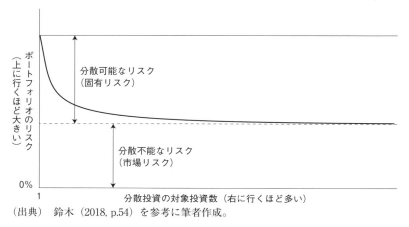

（出典）　鈴木（2018, p.54）を参考に筆者作成。

体のリスクというべき市場リスクが存在する。

(3)　効率的フロンティア

　このようにポートフォリオを構築していった結果、究極に分散投資したものとして生じるのが、効率的ポートフォリオ[4]と呼ばれるものである。そしてそれぞれのリスク水準における効率的ポートフォリオを集合させたものを効率的フロンティアと呼び、図表5-2のような曲線のイメージで示される。図表5-2における効率的フロンティアの曲線は、最小分散ポートフォリオを起点として、右上方向に展開される（鈴木 2018, p.66）。すなわち、この効率的フロンティアの曲線上にあるポートフォリオは、すべて効率的ポートフォリオである。投資家は、リスク許容度に応じてこの効率的フロンティア曲線上のポートフォリオを選ぶことになる。

(4)　リスクフリー資産と市場ポートフォリオの考慮

　ここまでの議論に加え、これ以降ではリスクがない（収益率が変動しない）

4　鈴木（2018, p.65）によれば効率的ポートフォリオとは、世の中に存在する投資対象資産をすべてポートフォリオに組み込んで、あるリスクをとった場合に最も高いリターンが得られるよう組み合わせたものである。

図表 5 － 2　効率的フロンティア（イメージ）

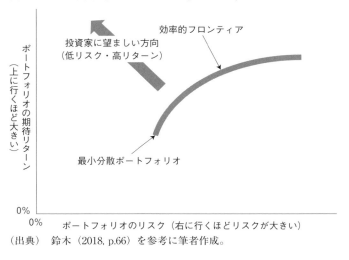

効率的フロンティア

投資家に望ましい方向
（低リスク・高リターン）

ポートフォリオの期待リターン
（上に行くほど大きい）

最小分散ポートフォリオ

0%

0%　　　　ポートフォリオのリスク（右に行くほどリスクが大きい）

（出典）　鈴木（2018, p.66）を参考に筆者作成。

　資産の考慮を行っていく。国には徴税権があり、先進国においては自国通貨建ての国債がデフォルトになることは想定されていない[5]。国債は満期償還時まで、定められた利率での利払いが行われる（ここでは変動金利型は考慮しない）。こうした国債のような収益率が変動しない資産をリスクフリー資産といい、その利率をリスクフリーレート（Rf）という。

　投資家は、効率的ポートフォリオのみならずリスクフリー資産にも投資することが可能となり、両方に分散して投資するポートフォリオを考えていく必要がある。図表 5 － 3 は、図表 5 － 2 に対してさらに点 F で表されるリスクフリー資産 F が存在する状態を示すものである。そして投資家は、図表 5 － 2 でも存在する効率的フロンティア上のポートフォリオとリスクフリー資産 F とを組み合わせたポートフォリオをつくることになる。図表 5 － 3 における点 M は、点 F から効率的フロンティアに接する線を引いたときに、接

5　わが国の財務省はホームページにおいて、「日・米など先進国の自国通貨建て国債のデフォルトは考えられない。」と示している（財務省ホームページ「外国格付け会社宛意見書要旨」https://www.mof.go.jp/about_mof/other/other/rating/p140430.htmなど）。

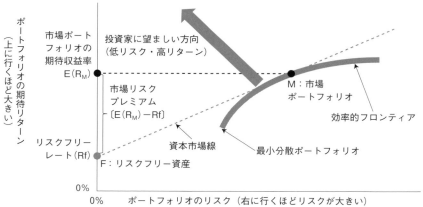

図表5-3　リスクフリー資産が存在する場合の市場ポートフォリオ（M）と資本市場線（イメージ）

（出典）　鈴木（2018, p.69）を参考に筆者作成。

点となるポートフォリオを表す。そして図表5-3において点Fと点Mを結ぶ破線のことを資本市場線と呼ぶ。鈴木（2018, p.70）によれば、投資家にとってリスクフリー資産とリスクのある投資の組み合わせが可能な場合には、すべての投資はリスクフリー資産Fと点Mで示される効率的ポートフォリオMとの組み合わせで行うのが合理的となり、ポートフォリオM以外の効率的ポートフォリオが選択されることはないのである。

　そして、すべての投資家が個々の投資案件の期待収益率、リスク（標準偏差）、相関係数に関して同じ認識を持っているのであれば、ポートフォリオMは市場のすべてのリスク資産を含有した（この世に存在する、投資可能なすべてのリスク資産の集合体ともいえる）市場ポートフォリオということができる（鈴木 2018, p.71）。この市場ポートフォリオの期待収益率$E(R_M)$から、リスクフリーレート（Rf）を差し引いたもの〔$E(R_M)-Rf$〕が市場リスクプレミアムである。

(5)　資本資産価格モデル（CAPM）とベータ（β）

　市場ポートフォリオMとリスクフリー資産Fとを組み合わせたポートフォ

リオのみに、すべての投資家が投資をするという前提（鈴木 2018, p.72）があった場合、個々の投資案件のリスクと期待リターンとの関係を理論的に導いたモデルが、Sharpe（1964）およびLintner（1965）によって導かれた資本資産価格モデル（Capital Asset Pricing Model：以下「CAPM」）と呼ばれるものである。

このCAPMでは、上記で言及した市場リスクプレミアムを用いて、個別投資案件の期待収益率E(Ri) を次のように定めている。

$$E(Ri) - Rf = \beta i \left[E(R_M) - Rf \right]$$

すなわち、

$$E(Ri) = Rf + \beta i \left[E(R_M) - Rf \right] \qquad \cdots\cdots 式5-1$$

ここで、βiは個別投資案件の分散不能リスク（市場リスク）の大きさとしての指標を示すベータ[6]である。ベータはこの分散不能リスクが、市場ポートフォリオのリスクの何倍であるかを示す数値である。

企業はすべて株主資本にて資金調達しているケースもあれば、借入れをしているケースもある。法人税を考慮した場合、借入金利を支払利息として課税所得計算上の経費とすることにより、負債の節税効果が生じる。その結果、借入れのある企業のほうが、借入れのない企業よりも企業価値が大きくなる。このため、一定水準までは負債を大きくすることで、企業価値は上昇する。

ただし、ある一定水準以上に負債が大きくなると、企業の継続が危うくなり、倒産リスクが大きくなる。すなわち負債による借入金利の節税効果と倒産リスクとのバランスを考慮しながら、最適資本構成[7]が決定される。その資本構成によって期待収益率が変化していくこととなるため、以下にて考察していく。また上記ベータについても、資本構成いかんによって変動すると

6　ベータの算出方法については鈴木（2018）が詳しく説明しているので、そちらを参照されたい。なお、わが国の市場データを集計しているホームページも複数存在しており、本章では資本コスト（Cost of Capital）のホームページ（https://costofcapital.jp/）におけるベータ値を適宜参照していく。

7　資本構成とは、負債と株主資本の構成比のことをいう。

される。その関係式などについては、本節の後段にて触れていく。

(6) 期待収益率

最適資本構成を考慮した事例をもとに、以下期待収益率につき算出していくこととする[8]。

まずある企業が、借入れをまったくせず事業を行っていると仮定する。事業の価値（時価）を100、事業の税引後期待収益率$E(R_A)$が10％（CAPMにより決定されているものとし、$Rf=0.5％$、$\beta_A=9.5$、$E(R_M)-Rf=1％$より算出）とすると、この企業はすべて株主資本で資金調達をしていることから、株主資本も100であり、株主資本の期待収益率は事業の税引後期待収益率に収斂することとなるため、やはり10％となる[9]。

この企業が、有利子負債も用いて資金調達する場合を考える。調達額のうち50を社債（クーポン４％の永久債とし、社債発行コスト等は無視する[10]）で調達したとすると、社債の金利は税務上の費用となるため、節税効果が生じることとなる。

このとき毎年の支払金利から発生する節税効果の金額は、基本的な条件が不変であると仮定して、

$$50（永久債の負債金額）×4％（社債金利＝資本コスト）×t_c（法人税率）$$

となる。これが今後毎年発生することになると考えれば、支払金利の節税効果の現在価値合計の値は、永久債の現在価値を求めることと同じく、節税効果の割引率（すなわち資本コスト）にて割ることで算出され、

$$支払金利の節税効果の現在価値の和 = \frac{50×4％×30％}{4％} = 50×30％$$

と表される。このため、節税効果の現在価値は15（＝50×30％）となる。

---

8 ここでは、鈴木（2018）を参考に類似計算例を提示していく。なお法人税率は30％を採用する。

9 もしこの前提が違うとなると、この企業はいま取り組んでいる事業以外にも取り組むことが必要となり、株主資本の期待収益率に釣り合わせることが必要となるため、基本的には事業の期待収益率に株主資本の期待収益率は収斂する。

10 同額で自社株買いをして、株主資本の消却を行うものとする。

負債のない企業の総企業価値が100であるのに対し、負債のある企業は有利子負債の金利の節税効果15が加わることから、負債のあるケースでは同価値が115となる。有利子負債（社債）の残高が50であるため、株主資本が65に増加する（図表5－4）。鈴木（2018, p.116）によれば、負債の金利から節税効果の生じることが根拠となり、節税効果に対する期待収益率は負債の調達コストと同じであるとする考え方が、実務上多く用いられる。

　この結果、図表5－4で示すとおり、当該企業のB/S資産サイドにおける平均的な期待収益率は、9.21％（＝（10％×100＋4％×15）÷（100＋15））となる。そしてこのB/Sにおける左右の期待収益率は同一とならなければならないため、B/Sの負債・株主資本サイドの平均的な期待収益率も同じく9.21％となる必要がある。有利子負債の期待収益率が4％であることから、株主資本コストは13.23％（＝（10％×100＋4％×15－4％×50）÷65）となり、負債がない場合の株主資本コスト（期待収益率でもある）が10％であるのに対し、3.23％の上昇[11]となっている。

図表5－4　負債のある企業の事業用資産と節税効果、株主資本コストの関係
　　　　　（イメージ）

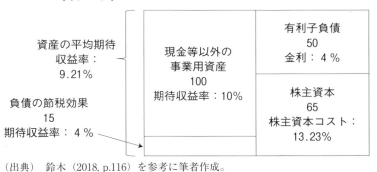

（出典）　鈴木（2018, p.116）を参考に筆者作成。

11　負債の導入により株主資本コストが上昇することを、「レバレッジ効果」もしくは「財務レバレッジ」という。なお負債が存在しても、企業の本業の収益率にはいっさい影響を及ぼさないことが前提となっている。

ここで株主資本コストをR_{EL}とした場合の、一般的な関係式は式5−2のようになると考えられる。

$$R_{EL} = R_{EU} + \frac{D}{E} \times (1 - t_c) \times (R_{EU} - R_D) \qquad \cdots\cdots 式5-2$$

　　D：負債（永久債）の時価

　　E：負債発生後の節税効果を加味した株主資本の時価

　　R_D：負債の金利

　　R_{EU}：負債非加味状態での株主資本コスト

　　R_{EL}：負債発生後の株主資本コスト

　　t_c：法人税率

(7)　（税引後）加重平均資本コスト（WACC）

　エンタープライズDCF法においては、企業の事業から発生するフリー・キャッシュフロー（税引後の営業利益から、本業に必要な投資を差し引いたものを指す。以下「FCF」）を割引率にて割り引くことにより、事業の現在価値を求める。この割引率において使用されるのが税引後加重平均資本コスト（税引後WACC（Weighted Average Cost of Capital）。特に断りのない限り、税引後の表記を省略し、以下「WACC」とする）である。

　そしてこのWACCは、式5−2で定める記号定義をそのまま用いて、次の式5−3のような計算式になる。

$$WACC = R_D \times (1 - t_c) \times \frac{D}{D+E} + R_{EL} \times \frac{E}{D+E} \qquad \cdots\cdots 式5-3$$

　このWACCを用いて、企業の事業から発生するFCFを割り引くことで得られる現在価値の総和には、金利の節税効果が加味されている[12]。

(8)　ベータの推定

　ここまでみてきた期待収益率は、CAPMで決定されることを前提として

12　同じWACCを遠い将来にまで用いることから、資本構成比が長期間、安定的に推移することや、法人税率が不変であることを仮定することとなる（鈴木 2018, p.119）。

いるのであるから、ベータの値が重要であることは明らかである。鈴木（2018, p.121）によればベータには次の2つがあるとされている。1つは市場評価が反映された「レバード・ベータ（levered beta）」であり、もう1つは本業のリスクのみを反映した「アンレバード・ベータ（unlevered beta）」である。

　まずベータは本来、株式市場での取引に裏付けられた株価から計算される。その企業の現状における資本構成を前提に、株主資本のリスクを反映したかたちで市場は株価を決定している。こうした市場株価から計算されるベータは、負債のある企業の場合、負債の存在を前提としていることから、前者でいうレバード・ベータと呼ばれている[13]。

　一方で、本業においてまったく同じビジネスを営んでいたとしても、資本構成における負債の比率が高ければ、株価はより業績に敏感に反応して上下することとなる。こうした負債の比率の影響を取り除いた本業のリスクのみを反映するベータが、後者のアンレバード・ベータである。アンレバード・ベータは、鈴木（2004, p.17, p.42）によれば、非上場企業のベータを同業の上場企業のベータから求める際などにも使用する。

　レバード・ベータとアンレバード・ベータとの関係式は、式5－2で定める記号定義をそのまま用いると次の式5－4のようになる（なお、β_{EL}はレバード・ベータ、β_{EU}はアンレバード・ベータ、β_Dは負債金利のベータを表す）。

$$\beta_{EL} = \beta_{EU} + \frac{D}{E} \times (1 - t_c) \times (\beta_{EU} - \beta_D) \qquad \cdots\cdots 式5-4$$

ここでレバード・ベータβ_{EL}を求めるため、CAPMの式5－1を再掲する。

$$E(Ri) = Rf + \beta i \left[E(R_M) - Rf \right] \qquad \cdots\cdots 式5-1（再掲）$$

　本章では、リスクフリーレート：Rf＝0.5％、市場リスクプレミアム：E(R_M)－Rf＝1％であり、企業の事業ベータ：β_A＝9.5、事業の税引後期待収

13　レバード・ベータには、企業の本業が生み出すキャッシュフローのリスク（本業のリスク）と、負債の存在により加わる財務リスクの2種類のリスクが反映されている（鈴木 2018, p.121）。

益率：$E(R_A) = 10\%$としていた。この事業ベータは、借入れのない場合の株主資本ベータ（アンレバード・ベータ）に等しいため、$\beta_{EU} = 9.5$がいえる。

また、負債の資本コスト$R_D = 4\%$であることと式5－1から、β_Dは次の式より3.5と求められる。

$$R_D = 4\% = Rf + \beta_D \left[E(R_M) - Rf \right]$$
$$= 0.5\% + \beta_D \times 1\%$$
$$\beta_D = 4 - 0.5 = 3.5$$

負債（永久債）の時価：$D = 50$、負債発生後の節税効果を加味した株主資本の時価：$E = 65$、法人税率：$t_c = 30\%$であることから、式5－4よりβ_{EL}は次のように計算される。

$$\beta_{EL} = 9.5 + \frac{50}{65} \times (1 - 30\%) \times (9.5 - 3.5)$$

$$= 12.7308（表示未満を四捨五入）$$

(9) FCFの算出ロジック

ここでFCFの算出ロジックにつき、企業における以下の①〜⑥の事業活動の動きで確認してみる。

① 企業が投資家から資金を調達する（株式、負債の種類を問わない）。

② 企業が事業活動に投資する。

③ 企業が事業活動から（営業）利益を得る。ここでの指標はEBITまたはEBITA[14]である。

④ 企業がEBIT／EBITAから（みなし）税金相当分を差し引く。ここではNOPAT（Net Operating Profit After Taxes：税引後営業利益）[15]として記される。このNOPATが、企業あるいは投資家が分配できるキャッシュフローとなる。

⑤ 企業がNOPATから、追加投資に必要なキャッシュフローを控除する。

⑥ 最後に残ったものがFCFとなる。

このようなロジックにて、FCFが算出される。

なおNOPATは、次の式5－5で表される。

$$\text{NOPAT} = \text{EBIT} \times (1 - t_c) \qquad\qquad \cdots\cdots\text{式} 5 - 5$$

ただし、t_c：法人税率。

⑩　予測FCFの算出

　評価対象事業の価値を算出するためにも、予測FCFを算出することが必要となるが、ここではMcKinsey & Company et al.（2020, pp.272-294）に従い、①～⑥の順番で項目を設定し、適宜各項目に説明を加えていく。

①　過去の財務諸表を準備し、分析する

　これまでの評価対象事業における財務諸表を作成し、分析する。堅牢な分析を行うことにより、予測も適正なレベルに引き上げることができる。

②　売上高の予測を行う

　売上高を予測することは、財務諸表のほとんどすべての項目と直接的・間接的に関係していくため、大変重要である。将来の売上高予測には、市場ベースであるトップダウン・アプローチと、顧客ベースであるボトムアッ

14　McKinsey & Company et al.（2020, pp.227-228）では、ここでEBITDA（Earnings Before Interest, Taxes, Depreciation, and Amortization；利払税引前・有形固定資産含む減価償却前利益）（「イービットディーエー」または「イービッダー」と呼ぶ）あるいはEBITを用いない理由を次のとおりとする。有形固定資産は減価償却することによって、完全に一致するわけではないが、時間の経過とともに価値が低下することを認識する必要がある（EBITDAを用いない理由）。一方で、新規顧客リストや製品ブランドなど無形資産に関し、社内で追加投資する際は、設備などの有形固定資産が資産計上されるのと違い費用計上となる。もし無形資産の償却を加味した場合、無形資産にて追加投資する費用とダブルで価値低下を認識する（原文はペナルティーを受けると表現）こととなってしまうため、無形資産の償却費用前で認識する必要がある（EBITを用いない理由）。McKinsey & Company et al.（2020）は、企業が存続のために必ず計上すべき設備投資は、必要な費用としてあらかじめFCFから除外する必要があり、完全には一致しないものの有形固定資産の減価償却費がそれにあてはまる、ということを示しているものと思われる。しかしながら本章では、無形資産の償却費に関するデータの取得には限界があることや、後で述べるマルチプル法でもEBITを用いることが可能であることから、EBITまたはEBITAのどちらも可能であるとした。

15　McKinsey & Company et al.（2015）および鈴木（2004：2018）では、ここでの指標をNOPLAT（Net Operating Profit Less Adjusted Taxes；みなし税引後営業利益）と記すものの、後継改訂版であるMcKinsey & Company et al.（2020）では、NOPATを採用している。以降においては、原文がNOPLATの場合でもNOPATとして記載する。なおNOPLATでは、税効果会計などで生じる法人税等調整額を加減算しているのに対し、NOPATでは考慮しない、という違いがある。

プ・アプローチのいずれかを行う。なお、サブスクリプション・ビジネスの場合は、カテゴリー別に「顧客数×販売単価」での根拠をもとに予測していくことが求められる。販売単価では、ARPU（Average Revenue Per User；契約者1人当たりの月間売上高を指す。「アープ」ともいう）などの指標を重視する傾向にある。そしてこれら予測は、これまでの成長基調との一貫性も必要となる。

③　損益計算書の予測を行う

適切な経済指標などを用いて、営業費用、減価償却費、営業外収益、支払利息、納税額を予測する。そして業容が拡大するのであれば、ここで増加が見込まれる費用項目（例えば人件費・福利厚生費、地代家賃、広告宣伝費、荷造運賃、旅費交通費、水道光熱費、消耗品費など）についても精緻に予測していく必要がある。

④　貸借対照表の予測を行う：投下資本と非事業用資産

貸借対照表における、営業運転資本、ネット有形固定資産、のれん、営業外資産につき予測していく。

⑤　投資家からの調達資金と貸借対照表とを突合する

利益剰余を算出し、その他の資本勘定にも予測を行い貸借対照表の予測を完了させる。余剰のキャッシュ、あるいは負債に踏み込んで予測する貸借対照表を整合させていく。

⑥　ROICとFCFを算出する

ROIC（Return on Investment Capital；投下資本利益率）を算出していくことは、これまでに行った予測が、経済原理や業界動向、企業の競争力と整合性を持っているかを確認することでもある。ROICの計算式は次の式5－6で表される（NOPATは式5－5のとおり）。

$$\text{ROIC} = \frac{NOPAT}{投下資本} \qquad \cdots\cdots 式5－6$$

なお、

$$投下資本^{16}=\frac{\left(\begin{array}{l}前期末の有利子負債＋\\前期末の株主資本\end{array}\right)+\left(\begin{array}{l}今期末の有利子負債＋\\今期末の株主資本\end{array}\right)}{2}$$

である。

　このように評価対象事業における企業価値評価の基礎となるFCFを算出し、予測を完了させる。将来のFCFは、これまでのFCFと同じ方法にて計算していくことが求められる。

⑾　エンタープライズDCF法による価値評価

①　継続価値、成長率g

　このように算出されたFCFを割り引いて現在価値の合計（総和）を求め、評価対象事業の価値評価を行うこととなるが、このようにして算出された価値は、あくまでも評価対象事業の価値（事業価値）であり、評価対象企業の価値（企業価値）ではない。企業にはFCFを生み出すことのない非事業用資産も存在し、それらの価値も加算してはじめて企業価値が算出される。すなわち、

　　　企業価値＝評価対象事業の価値＋非事業用資産の価値　　……式５－７
である。

　なおエンタープライズDCF法では、割引率としてWACCを用いるが、これは相当将来にわたってまで評価対象企業における資本構成が安定的に推移すると仮定していることが前提にある（前掲脚注12）。

　実務では、鈴木（2018, p.240）によると、例えば予測期間を７年間とした場合、５～７年といった一定期間について予測FCFの算定をまず行い、それ以降は一定の成長率で成長することを前提に、予測最終年度の翌年度のFCFが永久に発生し続けると仮定して計算した価値（継続価値）を一括計上することとなる。

16　McKinsey & Company et al.（2020, pp.212-213）では、単に「投下資本＝有利子負債＋株主資本」と記載しているものの、本来であれば期中の平均残高であるため、本式のとおりとした。

このとき成長率（FCF、NOPATの恒久成長率）をgとし、予測最終年度の翌年度FCFをFCF_{t+1}とすると、一括計上する継続価値は次の式5−8のように表される。

$$継続価値 = \frac{FCF_{t+1}}{WACC - g} \qquad \cdots\cdots 式5-8$$

したがって、予測期間を7年間とした評価対象事業の価値は、式5−9として表される。

評価対象事業の価値 ＝ 予測期間7年間のFCFの現在価値総和

＋ 継続価値の現在価値

$$= \frac{FCF_1}{(1+WACC)^1} + \frac{FCF_2}{(1+WACC)^2} + \cdots + \frac{FCF_7}{(1+WACC)^7}$$

$$+ \left[\frac{FCF_8}{WACC - g} の現在価値 \right] \qquad \cdots\cdots 式5-9$$

② RONIC、再投資比率 i

鈴木（2018, pp.238-241）およびMcKinsey & Company et al.（2020, pp.300-315）に従い、予測最終年度のNOPATの一部を永続的に一定の比率で再投資し、その再投資が永続的にRONIC（Return on New Invested Capital；新規投下資本利益率のことを指し、ここでは一定とする）の利益率で追加的にNOPATを生み出すことでNOPATが成長する、という前提を置く。予測最終年度の翌年度以降のNOPATの再投資比率をiとすると、FCFはNOPATのうち再投資されなかった結果として投資家に提供される部分となるため、

$$FCF = NOPAT \times (1 - i) \qquad \cdots\cdots 式5-10$$

がいえる。

そして上記前提によれば、再投資分がRONICで運用されてNOPATの成長がもたらされるのであれば、成長率gとの関係は$g = i \times RONIC$であることから、

$$i = \frac{g}{RONIC} \qquad \cdots\cdots 式5-11$$

がいえ、式5－11を式5－10に代入して、

$$FCF = NOPAT \times (1 - \frac{g}{RONIC})$$ ……式5－12

がいえる。

③ 継続価値の現在価値

　式5－8にて算出される継続価値は、予測最終年度（t年）におけるその時点での価値であるから、さらに（現時点での）現在価値を算出するためには、WACCを用いてt年分割り引くことが必要となる。このため式5－8と式5－12から、

$$継続価値 = \frac{FCF_{t+1}}{WACC-g} = \frac{NOPAT_{t+1} \times \left(1 - \frac{g}{RONIC}\right)}{WACC-g}$$ ……式5－13

がいえる。よって継続価値の現在価値は、

$$継続価値の現在価値 = \frac{\frac{NOPAT_{t+1} \times \left(1 - \frac{g}{RONIC}\right)}{WACC-g}}{(1+WACC)^t}$$ ……式5－14

ということができる。

　よって予測期間を7年間とした評価対象事業の価値を表す式5－9は、

評価対象事業の価値

$$= \frac{FCF_1}{(1+WACC)^1} + \frac{FCF_2}{(1+WACC)^2} + \cdots + \frac{FCF_7}{(1+WACC)^7}$$

$$+ \frac{\frac{NOPAT_8 \times \left(1 - \frac{g}{RONIC}\right)}{WACC-g}}{(1+WACC)^7}$$ ……式5－15

となる。

⑿　エンタープライズDCF法を用いた企業価値評価

ここまでが、エンタープライズDCF法を用いた評価対象事業の価値評価である。投資家においては、最終的に企業価値まで求めることが多い。このため、式5－7に式5－15を代入し、次のとおり企業価値の算式を式5－16として示す（予測期間を7年間とした場合の例）。

企業価値＝評価対象事業の価値＋非事業用資産の価値

$$= \frac{FCF_1}{(1+WACC)^1} + \frac{FCF_2}{(1+WACC)^2} + \cdots + \frac{FCF_7}{(1+WACC)^7}$$

$$+ \frac{NOPAT_8 \times \left(1 - \dfrac{g}{RONIC}\right)}{\dfrac{WACC-g}{(1+WACC)^7}} + 非事業用資産の価値 \qquad \cdots\cdots 式5－16$$

本項では、企業価値評価手法として代表的といえるエンタープライズDCF法の評価プロセスについてみることで、企業における価値評価の手法を考察してきた。予測FCFを算出するとともに、現在価値に割り引くためのWACCの求め方を確認してきたのである。なお、エンタープライズDCF法の企業価値評価において、より精緻な水準を求めようとすると、さらに考慮する要素は存在するものの、本章では複雑化を極力回避する目的から、上記のとおりとしたい。

一方で企業価値評価を行う場合、同法以外にも複数のアプローチを用いて判断することが多い。本章ではEBITまたはEBITAを利用したマルチプル法を採用することとし、次項にて確認していく。

1.3　マルチプル法による価値評価プロセス

次に本項では、マルチプル法による企業価値評価プロセスについてみていくことで、企業における価値評価の手法を考察していく。

マルチプル法とは、企業価値が特定の数値の何倍になっているかを、同業他社との間で比較する方法であり、本章では企業買収時の企業価値評価で実

務上使用されている、EBITまたはEBITAを利用したマルチプル法につき記載していく。

　鈴木（2018, p.254）も指摘するとおり、EBITまたはEBITAを利用したマルチプル法は、資本構成の影響を受けにくい[17]。本項ではまず、企業価値評価の算定方法として、EBITまたはEBITAを利用したマルチプル法につき簡単に触れていく。そして前項でみてきたエンタープライズDCF法との関係についても、確認していく。

⑴　企業価値評価の算定方法：EBIT／EBITAマルチプル法

　本マルチプル法では、同業他社との比較を通して、評価の妥当性を確認することが可能である。仮に同業他社において上場企業が存在すれば、その企業の株式時価総額や公表情報を利用することが可能となる。業種が異なる場合、産業構造の違いから比較の妥当性に問題が存在することが多い。

　使用するEBITまたはEBITAは、現時点の企業価値評価を行うのであれば直近値となるが、将来にわたっての価値評価を行うためには予想値を用いることとなる。なお鈴木（2018, pp.258-259）が指摘するとおり、EBIT／EBITA（あるいは他の基準値）がかろうじてプラスとなるような場合、株式時価総額をもとに算出した企業価値との間で異常値の倍率を示すことがあるため、除外する必要がある。しかしながら、異常値除外の基準を明確に定めることがむずかしく、どうしても恣意性を排除することができない。

17　鈴木（2018）では、EBITあるいはEBITDAを用いたマルチプル法につき記載している。たしかに実務上は、EBITDAを用いたマルチプル法が圧倒的に多い。McKinsey & Company et al.（2020, pp.396-399）では、そのことを認めつつも、本章にて前出したFCF算出ロジックにおけるEBITA採用の理由に加えて、次のとおりとする。既存の有形固定資産に対する減価償却（Depreciation）は、同資産を入れ替えるために将来的な資本的支出用の蓄えをしていくことと会計上は同義であることから、収益から同減価償却を差し引くことは将来キャッシュフローや企業価値をより忠実に表すものであるとしている（EBITDAを用いない理由）。一方でキャッシュを伴わない、買収等を通じて取得した顧客リストやブランド名といった無形資産の償却費（Amortization）に関しては、有形固定資産の減価償却とは異なり、無形資産への再投資分がマーケティング費や販売費という費用項目を通じてすでにEBITAに反映されているものとしている（このため、実際のキャッシュフローの計算では、無形資産の償却費を控除する前の状態とする必要がある）（EBITを用いない理由）。

(2) 株式時価総額と企業価値との関係

　上場企業の場合は、株価より株式時価総額が算出しうるが、マルチプル法で算出される企業価値との関係は次のように計算される（奈良 2019, p.186；西田 2020, p.1）[18]。これは本評価法にかかわらず、一般的によく利用されるものである。

　　　企業価値＝株式時価総額（株主価値）＋有利子負債（債権者価値）－現金

(3) エンタープライズDCF法との関係

　ここで、エンタープライズDCF法との関係についても確認する[19]。ここでは、NOPATとの関係から、EBITについて考えていく。投下資本に対する純投資額がゼロ、営業利益の成長率もゼロという状況が、永久に続くと仮定してエンタープライズDCF法にて企業価値（EV）を求める[20]。このときFCFはNOPATと同値となり、毎年同値のFCFを生み出す永久債の割引率がWACCであると考えればよいから、式5－5も参照し、

$$企業価値(EV) = \frac{FCF}{WACC} = \frac{NOPAT}{WACC} = \frac{EBIT \times (1 - t_c)}{WACC} \qquad \cdots\cdots 式5 -17$$

ただし、t_c：法人税率。

と表される。ここで、$\frac{EV}{EBIT}$マルチプルを表すと、

$$\frac{EV}{EBIT} = \frac{1 - t_c}{WACC} \qquad \cdots\cdots 式5 -18$$

ということができる。

　今度はFCFが成長率 g で成長していくと仮定し、考察していく。式5－8、式5－13および式5－17から企業価値（EV）は、

18　なお鈴木（2018, pp.254-255）では、企業価値を「株式時価総額＋有利子負債＋非支配株主持分」が一般的であると紹介し、有利子負債には現金同等物を控除した純有利子負債を大半では適用すると記す。連結ベースで企業価値を考慮した場合、非支配株主持分の計上も無視しえないであろう。

19　鈴木（2018, pp.263-264）において示されるものである。

20　式5－7で表すとおりエンタープライズDCF法においては本来、非事業用資産の価値を考慮して企業価値を求める必要があるが、ここでの議論は捨象している。

$$企業価値（EV）= \frac{FCF}{WACC-g} = \frac{NOPAT \times \left(1-\dfrac{g}{RONIC}\right)}{WACC-g}$$

$$= \frac{EBIT \times (1-t_c) \times \left(1-\dfrac{g}{RONIC}\right)}{WACC-g} \qquad \cdots\cdots 式5-19$$

と表すことができ、

$$\frac{EV}{EBIT} = \frac{(1-t_c) \times \left(1-\dfrac{g}{RONIC}\right)}{WACC-g} \qquad \cdots\cdots 式5-20$$

ということができる。

(4) 企業価値評価での利用および必要な調整・修正について

　次節以降にて、サブスクリプション・ビジネスの売上高・損益予測、および企業価値評価を行っていくこととなるが、エンタープライズDCF法とマルチプル法の両評価手法を用いた場合、およそ次のような利用のしかたが考えられるであろう。

　まずエンタープライズDCF法にて、予測期間のFCFと予測最終年度の翌年度のFCFの予測から、評価対象事業の価値を評価する。式5-7によれば、本来この値に非事業用資産の価値を加算することで企業価値を算出することとなる。

　次にEBIT（またはEBITA）マルチプル法にて、企業価値の算出と倍率を求めていく。ここでの倍率は、あくまでも類似案件との比較が望ましいものの、おおよその許容範囲内に当該倍率がおさまっているかを1つの目安とする。

　そのうえで、マルチプル法の倍率が妥当で、その企業価値評価よりも仮に、エンタープライズDCF法による企業価値評価が大幅に上回っているようなことがあれば、まずはエンタープライズDCF法での調整が必要であろう。損益予測をはじめとした予測期間内の見積もりを修正し、FCFを厳し

めに見積もり直すことや、WACCの利回りをさらに高くするなど、必要な調整を行っていくべきであろう。一方で、将来の成長性がかなり見込める事業であれば、マルチプル法の倍率もこれまでの許容範囲を少し上回ることも十分検討しうる。そうした調整を両評価手法において行うことにより、なるべく両評価手法に大幅な乖離がみられないよう、必要な修正が求められるのである。

2 サブスクリプション・ビジネスでの企業価値評価

2.1 運営形態を考慮した売上高・損益予測

前節では、エンタープライズDCF法をはじめとする企業価値評価手法についてみてきた。これにより、おおよその価値評価手法の土台は固まったといえる。

本節では、サブスクリプション・ビジネス特有の運営形態に着目し、まずは売上高・損益推移を予測し、その後キャッシュフロー予測を行っていく。なお、以下にて考察していく予測の仮説例は架空の事例を扱っており、あくまでも机上での設定にすぎないことをあらかじめお断りしておく。

(1) サブスクリプション・ビジネスの価値評価予測を行う前提

サブスクリプション・ビジネスの価値評価予測を行ううえで前提となることは、サブスクリプション・ビジネスは一般的には契約者から、月単位あるいは年単位などで定額料金を支払ってもらう形態であるということである。一方で、ひとくちにサブスクリプション・ビジネスといっても、扱っているカテゴリーはさまざまであり、ターゲットカスタマー、損益構造、ブランドが持つ影響などは異なる。このため、サブスクリプション・ビジネスにおいて、いくつかのカテゴリーを想定し、それぞれのカテゴリーでの仮説例を設定のうえ考察していく必要がある。

なお、サブスクリプション・ビジネスの価値評価予測を行う場合、評価対象のサブスクリプション提供企業（グループ会社も含む）においてすでに事業を営んでおり、これから提供しようとするサブスクリプション・ビジネスについても消費者の動向が把握できているのであれば、以下において仮説例を示すような損益予測・キャッシュフロー予測の確度も高いと思われる。

　しかしながら、同提供企業においてまったくの新規事業であった場合は、先行して提供している同業他社、あるいは類似業種でのヒストリカルデータ（入手できる場合に限る）を参考にする必要があるだけでなく、当該企業の知名度・ブランド力、既存顧客の数の多さやそれらと新規サブスクリプション・ビジネスとの相乗効果、市場成長の可能性などを考慮していくこととなる。

　同じ新規参入であっても、これまですでに盤石な事業を営んでいる場合は有利であろう。新たなビジネスを始める場合、たいていは投資回収までに時間がかかるのであるが、こうしたケースでは、初期投資としての広告宣伝費や研究開発費を大きく投じても、サブスクリプション提供企業の耐久性には問題ないかもしれない。

　一方で、これといって目立った主軸事業をこれまで営んだことがない企業が新規参入する場合は、慎重を期すべきである。こうしたケースでは、広告宣伝費や研究開発費を大きく投じることができず、中途半端なかたちでのスタートとなってしまい、結果的に当該サブスクリプション・ビジネスから撤退する、あるいは二束三文で同業他社に売却することになるからである。

　こうした部分については、後段2.3における企業価値評価にて考慮するキャッシュフローに反映させていくこととしたい。

⑵　売上高予測

　サブスクリプション・ビジネスでは、定額料金パターンが1つしかないというケースだけではない。1つのサブスクリプション提供企業が複数のサービスを同時並行的に提供する、あるいは1つのサービスでも設定コースによって定額料金が異なる[21]、というケースも考えられる。

こうした前提に立って、サブスクリプション・ビジネスでの売上高を予測していく必要がある。前述のとおりサブスクリプション・ビジネスでの売上高は、各カテゴリー内のパターン別に「顧客数×販売単価」での根拠をもとに予測していくことが求められ、販売単価ではARPUなどの指標がベースとなる。

ここでの例として、あるネット経由の動画配信サービスにおけるサブスクリプション・ビジネスを想定した月次売上高予測を行う。図表5－5はコースがA～Cの3種類存在し、それぞれARPUも異なるパターンを有するサブスクリプション提供企業での月次売上高予測を示したものである。

ここでは、コースAを契約した顧客が、さらに良質のコンテンツを求めて上位のコースBの契約を行い、そのコースBのコンテンツでも満足しない顧客が、さらに上位のコースCの契約を行うというモデルを想定している。結果的に、コースA～Cの契約顧客数の割合が5：4：2.5になると想定している。

図表5－5　あるサブスクリプション提供企業における月次売上高予測

パターン		20X1年 1月	20X1年 2月	20X1年 3月	20X1年 4月	20X1年 5月	20X1年 6月
コースA	見込顧客数（千契約）	500	505	510	515	520	526
	ARPU（販売単価）（円）	@1,100	@1,100	@1,100	@1,100	@1,100	@1,100
	売上高予測（千円）	550,000	555,500	561,055	566,666	572,332	578,056
コースB	見込顧客数（千契約）	400	404	408	412	416	420
	ARPU（販売単価）（円）	@1,400	@1,400	@1,400	@1,400	@1,400	@1,400
	売上高予測（千円）	560,000	888,800	897,688	906,665	915,732	924,889
コースC	見込顧客数（千契約）	250	253	255	258	260	263
	ARPU（販売単価）（円）	@2,100	@2,100	@2,100	@2,100	@2,100	@2,100
	売上高予測（千円）	525,000	530,250	535,553	540,908	546,317	551,780

（出典）　筆者作成。仮説例。すべて税抜表示。

21　利用量に応じた従量制課金を設定することも含まれると考えられる。

もっとも、ここで設定するARPUについても、同じようなネット経由の動画配信サービスを提供する競合他社の存在によっても異なる。競合サービスにおける設定価格、取扱いコンテンツ数、他の付帯サービスなどの有無の違いが、ARPUの設定を左右すると思われる。また、カテゴリーがまったく異なる他のサブスクリプション・ビジネスにおいては、ARPUの設定価格帯、コースの種類も同じでなく、次の損益予測にていくつかのカテゴリーを考察していくこととしたい。

(3)　損益予測

①　全カテゴリー共通内容

　ここまで、サブスクリプション・ビジネスの売上高予測を行ってきたが、サブスクリプション・ビジネスの価値評価を行うためには、前節にてみたとおりエンタープライズDCF法においてもEBITマルチプル法においても、損益予測を行ったうえで投下資本と貸借対照表の予測が必要となる。エンタープライズDCF法であれば、最終的に将来の予測FCFを算出するとともに、有利子負債や株主資本のコスト、資本構成からWACCを算出する必要がある。

　そこで以下では、損益予測につき考察していく。まず損益予測を行うためには、サブスクリプション提供企業における損益計算書の売上原価、販売費及び一般管理費（販管費）、支払利息（昨今のゼロ金利環境下に鑑み、受取利息は考慮しない）などの項目を検討していく必要がある。なお、サブスクリプション・ビジネスの性質によっては、リース契約（いわゆるレンタル契約も、一般的にはオペレーティング・リース契約と整理される）に準拠していることから、リース会計基準によるリース会社用の財務諸表を実際には使用することもありうるものの、本書では複雑化回避のため一般事業会社の財務諸表をベースに考察していく。

　以下の損益予測では、はじめに全カテゴリーにおおかた共通しうる内容を確認していく。そのうえで、サブスクリプション・ビジネスのカテゴリーによっては、損益構造もまったく異なり、モデルとして参照する既存の企業も

違うなど、損益予測のアプローチも異なることから、カテゴリーをいくつか
に分けて検討していく。

　収益項目である売上高についてはすでにみてきたが、さまざまな価格設定
がされている商品の販売とは違って、サブスクリプション・ビジネスの場合
ARPUの設定価格と顧客数（契約数）との掛け算にて検討していけばよく、
単純な構図となっている。

　他方、費用項目についてであるが、まず売上原価に関しては、サブスクリ
プション・ビジネスの契約顧客へサービスを提供するものを仕入れる必要が
ある。有形のサービスであれば、定期購読物や利用対象物などをサブスクリ
プション提供企業にて仕入れることが、まず必要である[22]。また動画配信
サービスであれば、コンテンツのライセンス使用料（ロイヤリティーともい
う）がこれに当たる。飲食店や美容系業種などでの提供サービスであれば、
食材費や材料費などが該当する。

　次に販管費について、さまざまなサブスクリプション・ビジネスを考慮し
て例をあげるとすれば、研究開発費、広告宣伝費、販売促進費、人件費、支
払手数料、委託費及び外注費、荷造運賃発送費、減価償却費、地代家賃、通
信費、水道光熱費などが該当する。そして支払利息は、有利子負債の規模に
よって左右される。

②　カテゴリー別特徴

　ここでサブスクリプション提供企業をいくつかのカテゴリーに分け、損益
予測における特徴をみていく。なお以下の分類は、必ずしもサブスクリプ
ション・ビジネスのすべてのカテゴリーを例示しているのではない。また、
前提が異なれば実際の損益予測も違うはずであり、あくまでも損益予測の参
考とするための仮説例でしかないことにも、留意が必要となる。

---

[22]　実際には、サブスクリプション提供企業の仕入先からエンドユーザーに直接、有形の
　　商品が納入されるケースも多いと思われるが、本章では便宜上、仕入先からサブスクリ
　　プション提供企業にいったん商品が納入される形態をとるものとする。

a. ネット系通信コンテンツ

こちらのカテゴリーでは、ネットでの動画配信サービスを念頭に置く。売上原価として大きいのはコンテンツの償却およびコンテンツのライセンス使用料が発生する。販管費としては、齋藤（2020）の指摘にもあるように広告宣伝費、研究開発費などが突出しているものと思われる。人件費や委託費、地代家賃、水道光熱費なども相応に発生する。

図表5－6　ネット系通信コンテンツ提供企業における損益予測

(単位：千円)

	20X1年 12月決算	20X2年 12月決算	20X3年 12月決算	20X4年 12月決算	20X5年 12月決算	20X6年 12月決算
売上高	20,735,892	23,365,723	26,329,081	29,668,268	33,430,947	37,670,827
売上原価　コンテンツ償却 など	12,856,253	14,486,748	16,324,030	18,394,326	20,727,187	23,355,913
販管費	4,976,614	5,607,773	6,318,979	7,120,384	8,023,427	9,040,999
（内訳）広告宣伝費	2,488,307	2,803,887	3,159,490	3,560,192	4,011,714	4,520,499
研究開発費	1,658,871	1,869,258	2,106,326	2,373,461	2,674,476	3,013,666
その他	829,436	934,629	1,053,163	1,186,731	1,337,238	1,506,833
営業外費用　支払利息	534,294	602,056	678,412	764,451	861,403	970,650
税引前利益	2,368,731	2,669,145	3,007,660	3,389,106	3,818,930	4,303,266
税金	710,619	800,744	902,298	1,016,732	1,145,679	1,290,980
税引後利益	1,658,112	1,868,402	2,105,362	2,372,374	2,673,251	3,012,286
便宜上の期末総資産額	33,799,505	38,086,128	42,916,402	48,359,276	54,492,443	61,403,449
便宜上の期末有利子負債額	14,100,407	15,888,691	17,903,775	20,174,422	22,733,044	25,616,163
見込顧客数（千契約）	6,341	7,145	8,052	9,073	10,224	11,520
ARPU（販売単価）（円）	@1,100	@1,100	@1,100	@1,100	@1,100	@1,100
売上高予測（千円）	6,975,377	7,860,029	8,856,877	9,980,151	11,245,884	12,672,144
見込顧客数（千契約）	5,073	5,716	6,441	7,258	8,179	9,216
ARPU（販売単価）（円）	@1,400	@1,400	@1,400	@1,400	@1,400	@1,400
売上高予測（千円）	7,102,202	8,002,939	9,017,912	10,161,608	11,450,355	12,902,546
見込顧客数（千契約）	3,171	3,573	4,026	4,536	5,112	5,760
ARPU（販売単価）（円）	@2,100	@2,100	@2,100	@2,100	@2,100	@2,100
売上高予測（千円）	6,658,314	7,502,755	8,454,292	9,526,508	10,734,708	12,096,137

（出典）　筆者作成。仮説例。すべて税抜表示。

そこで本節前段でみた、ネット系通信コンテンツをサブスクリプションにて提供する企業における月次売上高予測（図表５－５）を、複数年次単位の予測にまで広げ、サブスクリプション・ビジネスの費用項目も検討したうえで、同企業の損益予測を行ってみる（図表５－６）。

　ここでは、モデルとするNetflix社における実際の決算数値[23]をもとに６年間の損益予測を行った。売上高に対する売上原価の比率、広告宣伝費の比率、研究開発費の比率、その他販管費の比率をそれぞれ62％、12％、８％、４％とした。また総資産額、有利子負債残高についても、Netflix社数値を参考にし、毎年の支払利息も平均適用金利を４％として算出した[24]。なお、法人税率は30％を採用した。

ｂ．定期購読物（新聞、冊子等）

　こちらのカテゴリーでは、紙媒体出版のサービスを念頭に置く。売上原価として本章では便宜的に、印刷所へ発注してできあがった印刷物であるとする。販管費としては、広告宣伝費、販売促進費、人件費、支払手数料などが相応に発生すると考える。

　前出ａ．ネット系通信コンテンツと同じように、定期購読物をサブスクリプションにて提供する企業における売上高予測、そして費用項目も検討したうえで、図表５－７のように損益予測を行ってみる。なおARPUについては前述したとおり、本来は複数にて設定される可能性があるものの、複雑化を

23　Netflix社のFORM 10-K（わが国の有価証券報告書に当たるSEC（米証券取引委員会）宛提出書類）に記載の、2018年度から2020年度のRevenuesに対する割合を平均したうえでパーセント未満を四捨五入した。

24　各期末の総資産額、有利子負債額については、モデルとする同社での、2018年度から2020年度のRevenuesに対する期末残高の割合を平均したうえでパーセント未満を四捨五入し、本件売上高予測に乗じて算出した。また有利子負債については、同社ではさまざまな年限の証券（Note）を3.000％～6.375％にて発行しているものの、本件試算ではおおむね平均的な値として４％を平均適用金利とし、毎月末の有利子負債額に乗じて支払利息を求め、年度分を積算した。決算月は12月とした。見込顧客数については、20X1年１月時点の数値をもとに、前月から１％増になるものと仮定した。以降、各カテゴリーにおいて、特に断りのない限りはモデルとする企業の各公開決算数値を用いて、同様の方法にて算出するものとする。

図表5－7　定期購読物提供企業における損益予測および売上高予測

（単位：千円）

	20X1年 12月決算	20X2年 12月決算	20X3年 12月決算	20X4年 12月決算	20X5年 12月決算	20X6年 12月決算
売上高	253,650	285,819	322,068	362,915	408,941	460,805
売上原価　印刷代	169,946	191,499	215,786	243,153	273,991	308,740
販管費	68,486	77,171	86,958	97,987	110,414	124,417
（内訳）広告宣伝費	7,610	8,575	9,662	10,887	12,268	13,824
販売促進費	7,610	8,575	9,662	10,887	12,268	13,824
人件費	15,219	17,149	19,324	21,775	24,536	27,648
支払手数料	7,610	8,575	9,662	10,887	12,268	13,824
その他	30,438	34,298	38,648	43,550	49,073	55,297
営業外費用　支払利息	3,076	3,466	3,905	4,401	4,959	5,587
税引前利益	12,143	13,683	15,419	17,374	19,578	22,061
税金	3,643	4,105	4,626	5,212	5,873	6,618
税引後利益	8,500	9,578	10,793	12,162	13,705	15,443
便宜上の期末総資産額	317,063	357,274	402,585	453,643	511,177	576,007
便宜上の期末有利子負債額	81,168	91,462	103,062	116,133	130,861	147,458
見込顧客数（千契約）	254	286	322	363	409	461
ARPU（販売単価）（円）	@1,000	@1,000	@1,000	@1,000	@1,000	@1,000
売上高予測（千円）	253,650	285,819	322,068	362,915	408,941	460,805

（出典）　筆者作成。仮説例。すべて税抜表示。

回避するため、以降においては1つのパターンにて試算していく。

　ここでは、出版業界でモデルとする上場最大手のKADOKAWA社における実際の決算数値[25]をもとに損益予測を行った。売上高に対する売上原価、広告宣伝費、販売促進費、人件費、支払手数料、その他販管費の各比率をそれぞれ67％、3％、3％、6％、3％、12％とした。また総資産額、有利子負債残高についても、KADOKAWA社数値を参考にし、毎年の支払利息も平均適用金利を4％として算出した。なお、法人税率は30％を採用した。

25　KADOKAWA社の有価証券報告書に記載の、2019年度、2020年度連結売上高に対する割合を平均したうえでパーセント未満を四捨五入した。

ｃ．ライフスタイル（家具、衣服等）

　こちらのカテゴリーでは、家具や衣服など生活に身近な商品をレンタル契約で提供するサービスを念頭に置く。売上原価として本章では便宜的に、フルフィルメント業務（受注から発送までに必要となる一連の業務で、受注、梱包、在庫管理、発送、受渡し、代金回収までを含む[26]）費用であるとする。販管費としては研究開発費、広告宣伝費、レンタル資産償却費、その他償却費、人件費含むその他費用などが相応に発生すると考える。

　前出ａ．ネット系通信コンテンツと同じように、衣服をサブスクリプションにて提供する企業における売上高予測、そして費用項目も検討したうえで、図表５−８のように損益予測を行ってみる。

　ここでは、米国にてファッションサブスクリプション・ビジネス事業を手がける、モデルとするRent The Runway社における実際の決算数値[27]をもとに損益予測を行った。ただしRent The Runway社は上場時点でも債務超過であり、かつ直近３カ月決算（2021年10月期）も赤字である。こうした企業でも上場できるのは、昨今のコロナ禍対応をふまえた金融緩和政策に加え、将来キャッシュフローに見込みがあれば赤字企業でも投資するという、米国市場ならではの環境によるものであろう。日本のマーケットでの許容度合い等勘案し、フルフィルメント業務費用や販管費については、便宜的に一律0.5を乗じた数値にて予測していくこととしたい。

　これにより、売上高に対する売上原価（フルフィルメント業務費用）、研究開発費、広告宣伝費、レンタル資産償却費、その他償却費、人件費含むその他費用の各比率をそれぞれ17.5％、11％、4.5％、23％、 6 ％、25％とし

26　大和物流ホームページ（https://www.daiwabutsuryu.co.jp/useful/words/fulfillment）（2021年12月19日閲覧）による。

27　Rent The Runway社は、2021年10月に米NASDAQ市場へ上場している。本章ではその際のFORM 424(b)(4)（Prospectus）（わが国の目論見書に当たるSEC宛提出書類）および監査前FORM 10-Q（Quarterly Report）（わが国の四半期決算短信に当たるSEC宛提出書類）に記載の、2019年度から2020年度におけるRevenuesに対する割合（12カ月に満たない場合は修正のうえ）を平均して算出した。

図表5－8　ファッションサブスクリプション提供企業における損益予測例および
　　　　売上高予測

(単位：千円)

	20X1年12月決算	20X2年12月決算	20X3年12月決算	20X4年12月決算	20X5年12月決算	20X6年12月決算
売上高	3,804,751	4,287,289	4,831,024	5,443,719	6,134,119	6,912,078
売上原価　フルフィルメント業務費用	665,831	750,275	845,429	952,651	1,073,471	1,209,614
販管費	2,644,302	2,979,666	3,357,562	3,783,385	4,263,212	4,803,894
（内訳）研究開発費	418,523	471,602	531,413	598,809	674,753	760,329
広告宣伝費	171,214	192,928	217,396	244,967	276,035	311,044
レンタル資産償却費	875,093	986,076	1,111,136	1,252,055	1,410,847	1,589,778
その他償却費	228,285	257,237	289,861	326,623	368,047	414,725
人件費含むその他費用	951,188	1,071,822	1,207,756	1,360,930	1,533,530	1,728,020
営業外費用　支払利息	194,629	219,313	247,128	278,470	313,787	353,583
税引前利益	299,988	338,034	380,905	429,214	483,649	544,987
税金	89,996	101,410	114,272	128,764	145,095	163,496
税引後利益	209,992	236,624	266,634	300,450	338,554	381,491
便宜上の期末総資産額	7,343,169	8,274,467	9,323,876	10,506,377	11,838,849	13,340,311
便宜上の期末有利子負債額	5,136,414	5,787,840	6,521,882	7,349,020	8,281,060	9,331,306
見込顧客数（千契約）	1,268	1,429	1,610	1,815	2,045	2,304
ARPU（販売単価）（円）	@3,000	@3,000	@3,000	@3,000	@3,000	@3,000
売上高予測（千円）	3,804,751	4,287,289	4,831,024	5,443,719	6,134,119	6,912,078

(出典)　筆者作成。仮説例。すべて税抜表示。

た。また総資産額、有利子負債残高についても、Rent The Runway社数値
を参考にし、毎年の支払利息も平均適用金利を4％として算出した。なお、
法人税率は30％を採用した。

d．飲食・美容系

　飲食業および美容系業種では、食材費や材料費などが売上原価として特徴
的である。

前出ａ．ネット系通信コンテンツと同じように、美容サービスをサブスクリプションにて提供する企業における売上高予測、そして費用項目も検討したうえで、図表５－９のように損益予測を行ってみる。

ここでは、米国にて美容院事業を手がける、モデルとするRegis Corporation社における実際の決算数値[28]をもとに損益予測を行った。なおRegis

図表５－９　美容系サブスクリプション提供企業における損益予測例および売上高予測

（単位：千円）

	20X1年 12月決算	20X2年 12月決算	20X3年 12月決算	20X4年 12月決算	20X5年 12月決算	20X6年 12月決算
売上高	3,804,751	4,287,289	4,831,024	5,443,719	6,134,119	6,912,078
売上原価　材料費	456,570	514,475	579,723	653,246	736,094	829,449
販管費	3,104,677	3,498,427	3,942,116	4,442,075	5,005,441	5,640,256
（内訳）人件費	974,016	1,097,546	1,236,742	1,393,592	1,570,334	1,769,492
店舗運営経費	365,256	411,580	463,778	522,597	588,875	663,560
地代家賃	334,818	377,281	425,130	479,047	539,802	608,263
償却等	304,380	342,983	386,482	435,498	490,729	552,966
その他費用	1,126,206	1,269,037	1,429,983	1,611,341	1,815,699	2,045,975
営業外費用　支払利息	54,785	61,733	69,562	78,384	88,325	99,527
税引前利益	188,719	212,654	239,624	270,014	304,258	342,846
税金	56,616	63,796	71,887	81,004	91,278	102,854
税引後利益	132,104	148,858	167,737	189,010	212,981	239,992
便宜上の期末総資産額	8,370,452	9,432,035	10,628,253	11,976,181	13,495,061	15,206,572
便宜上の期末有利子負債額	1,445,805	1,629,170	1,835,789	2,068,613	2,330,965	2,626,590
見込顧客数（千契約）	127	143	161	181	204	230
ARPU（販売単価）（円）	@30,000	@30,000	@30,000	@30,000	@30,000	@30,000
売上高予測（千円）	3,804,751	4,287,289	4,831,024	5,443,719	6,134,119	6,912,078

（出典）　筆者作成。仮説例。すべて税抜表示。

---

[28]　Regis Corporation社は、NYSE上場の1922年創業の美容院チェーンである。本章ではその際のFORM 10-Kに記載の、2019年6月期から2021年6月期におけるRevenuesに対する割合を平均して算出した。

Corporation社は本章執筆時点において新型コロナウイルス感染症の影響も
あり、直近3カ年決算も赤字である。本章ではあくまでも、飲食・美容系の
企業数値を参考にするだけの目的で同社の決算数値を参考にしていること
や、日本のマーケットでの許容度合い等を勘案し、材料費や販管費について
は、便宜的に一律0.8を乗じた数値にて予測していくこととしたい。これに
より、売上高に対する売上原価（材料費）、人件費、店舗運営経費、地代家
賃、償却等、その他費用の各比率をそれぞれ25.6％、12％、9.6％、8.8％、
8％、29.6％とした。また総資産額、有利子負債残高についても、Regis
Corporation社数値を参考にし、毎年の支払利息も平均適用金利を4％とし
て算出した。なお、法人税率は30％を採用した。

e．自動車系

　自動車系のサブスクリプション提供企業に関しては、自動車リース会社の
事業構造とほぼ同一とみて問題ないものと思われる。売上高にはいわゆる金
利分も含めたリース料が計上され、売上原価にはリース会社におけるリース
資産購入金額見合い金額およびメンテナンス金額、自動車税などが計上され
るかたちである。

　前出a．ネット系通信コンテンツと同じように、自動車系サービスをサブ
スクリプションにて提供する企業における売上高予測、そして費用項目も検
討したうえで、図表5－10のように損益予測を行ってみる。

　ここでは、わが国で有価証券報告書にて情報開示している、モデルとする
住友三井オートサービス社における実際の決算数値[29]をもとに損益予測を
行った。売上高に対する売上原価、人件費、減価償却費、貸倒引当金、その
他費用の各比率をそれぞれ85％、4％、1％、0.167％、5％とした。また
総資産額、有利子負債残高についても、住友三井オートサービス社数値を参
考にし、毎年の支払利息はわが国における優良リース会社にて調達可能な水
準を勘案し、適用金利を1％として算出した。なお、法人税率は30％を採用

29　住友三井オートサービス社の有価証券報告書に記載の、2019年度、2020年度連結売上
　高に対する割合を平均して算出した。

図表５－10　自動車系サブスクリプション提供企業における損益予測例および売上高予測

（単位：千円）

	20X1年 12月決算	20X2年 12月決算	20X3年 12月決算	20X4年 12月決算	20X5年 12月決算	20X6年 12月決算
売上高	2,536,501	2,858,192	3,220,683	3,629,146	4,089,412	4,608,052
売上原価	2,156,026	2,429,464	2,737,580	3,084,774	3,476,001	3,916,844
販管費	257,884	290,591	327,445	368,973	415,768	468,498
（内訳）人件費	101,460	114,328	128,827	145,166	163,576	184,322
減価償却費	25,365	28,582	32,207	36,291	40,894	46,081
貸倒引当金	4,234	4,771	5,376	6,058	6,827	7,692
その他費用	126,825	142,910	161,034	181,457	204,471	230,403
営業外費用　支払利息	44,693	50,361	56,748	63,945	72,055	81,193
税引前利益	77,898	87,777	98,910	111,454	125,589	141,517
税金	23,369	26,333	29,673	33,436	37,677	42,455
税引後利益	54,529	61,444	69,237	78,018	87,912	99,062
便宜上の期末総資産額	5,960,776	6,716,752	7,568,604	8,528,493	9,610,119	10,828,923
便宜上の期末有利子負債額	4,717,891	5,316,238	5,990,470	6,750,211	7,606,307	8,570,977
見込顧客数（千契約）	127	143	161	181	204	230
ARPU（販売単価）（円）	@20,000	@20,000	@20,000	@20,000	@20,000	@20,000
売上高予測（千円）	2,536,501	2,858,192	3,220,683	3,629,146	4,089,412	4,608,052

（出典）　筆者作成。仮説例。すべて税抜表示。

した。

f ．ビジネス・学習系

　ビジネス・学習系のサブスクリプション提供企業に関しては、売上原価には販売用教材費などが計上されるかたちである。

　前出ａ．ネット系通信コンテンツと同じように、ビジネス・学習系サービスをサブスクリプションにて提供する企業における売上高予測、そして費用項目も検討したうえで、図表５－11のように損益予測を行ってみる。

　ここでは、わが国で有価証券報告書にて情報開示している、モデルとするベネッセホールディングス社における実際の決算数値[30]をもとに損益予測を

図表 5 −11　学習系サブスクリプション提供企業における損益予測例および売上
　　　　　高予測

（単位：千円）

	20X1年 12月決算	20X2年 12月決算	20X3年 12月決算	20X4年 12月決算	20X5年 12月決算	20X6年 12月決算
売上高	2,536,501	2,858,192	3,220,683	3,629,146	4,089,412	4,608,052
売上原価	1,420,440	1,600,588	1,803,582	2,032,322	2,290,071	2,580,509
販管費	989,235	1,114,695	1,256,066	1,415,367	1,594,871	1,797,140
（内訳）販売促進費	101,460	114,328	128,827	145,166	163,576	184,322
広告宣伝費	279,015	314,401	354,275	399,206	449,835	506,886
顧客管理費	126,825	142,910	161,034	181,457	204,471	230,403
人件費	228,285	257,237	289,861	326,623	368,047	414,725
その他費用	253,650	285,819	322,068	362,915	408,941	460,805
営業外費用　支払利息	7,689	8,664	9,763	11,001	12,397	13,969
税引前利益	119,136	134,245	151,271	170,456	192,074	216,434
税金	35,741	40,274	45,381	51,137	57,622	64,930
税引後利益	83,395	93,972	105,890	119,319	134,452	151,504
便宜上の期末総資産額	3,069,166	3,458,413	3,897,026	4,391,267	4,948,189	5,575,743
便宜上の期末有利子負債額	202,920	228,655	257,655	290,332	327,153	368,644
見込顧客数（千契約）	1,268	1,429	1,610	1,815	2,045	2,304
ARPU（販売単価）（円）	@2,000	@2,000	@2,000	@2,000	@2,000	@2,000
売上高予測（千円）	2,536,501	2,858,192	3,220,683	3,629,146	4,089,412	4,608,052

（出典）　筆者作成。仮説例。すべて税抜表示。

行った。売上高に対する売上原価、販売促進費、広告宣伝費、顧客管理費、
人件費、その他費用の各比率をそれぞれ56％、4％、11％、5％、9％、
10％とした。また総資産額、有利子負債残高についても、ベネッセホール
ディングス社数値を参考にし、毎年の支払利息も平均適用金利を4％として
算出した。なお、法人税率は30％を採用した。

30　ベネッセホールディングス社の有価証券報告書に記載の、2019年度、2020年度連結売
　上高に対する割合を平均して算出した。

g．子育て系（おもちゃ等）

子育て系業種では、子供用に特化した衣服やおもちゃ、アクセサリーをサブスクリプション商品の対象としていることが特徴的である。

前出ａ．ネット系通信コンテンツと同じように、子育て系サービスをサブスクリプションにて提供する企業における売上高予測、そして費用項目も検討したうえで、図表５－12のように損益予測を行ってみる。

ここでは、米国にて子育て系のサブスクリプション・ビジネス事業を手がける、モデルとするKidpik Corp.社における実際の決算数値[31]をもとに損益予測を行った。ただしKidpik Corp.社は上場時点でも赤字である。前述の

図表５－12　子育て系サブスクリプション提供企業における損益予測例および
　　　　　　売上高予測

(単位：千円)

	20X1年 12月決算	20X2年 12月決算	20X3年 12月決算	20X4年 12月決算	20X5年 12月決算	20X6年 12月決算
売上高	4,565,701	5,144,746	5,797,229	6,532,463	7,360,942	8,294,494
売上原価	1,310,356	1,476,542	1,663,805	1,874,817	2,112,590	2,380,520
販管費	2,730,015	3,076,250	3,466,395	3,906,021	4,401,402	4,959,610
（内訳）送料手数料	894,877	1,008,370	1,136,257	1,280,363	1,442,745	1,625,721
人件費	607,238	684,251	771,031	868,818	979,005	1,103,168
償却費	13,423	15,126	17,044	19,205	21,641	24,386
その他費用	1,214,476	1,368,503	1,542,063	1,737,635	1,958,011	2,206,335
営業外費用 支払利息	34,601	38,989	43,934	49,506	55,784	62,859
税引前利益	490,729	552,965	623,095	702,119	791,166	891,505
税金	147,219	165,890	186,929	210,636	237,350	267,452
税引後利益	343,510	387,076	436,167	491,484	553,816	624,054
便宜上の期末総資産額	2,374,165	2,675,268	3,014,559	3,396,881	3,827,690	4,313,137
便宜上の期末有利子負債額	913,140	1,028,949	1,159,446	1,306,493	1,472,188	1,658,899
見込顧客数（千契約）	3,805	4,287	4,831	5,444	6,134	6,912
ARPU（販売単価）（円）	@1,200	@1,200	@1,200	@1,200	@1,200	@1,200
売上高予測（千円）	4,565,701	5,144,746	5,797,229	6,532,463	7,360,942	8,294,494

（出典）　筆者作成。仮説例。すべて税抜表示。

ｃ．ライフスタイル（家具、衣服等）でも記載したが、昨今のコロナ禍の副産物としてもたらされた金融緩和政策、そして将来キャッシュフローへの期待から赤字企業でも投資マネーを呼び込むことができる米国市場の環境によるものであろう。日本のマーケットでの許容度合い等勘案し、売上原価や販管費の費用項目については、便宜的に一律0.7を乗じた数値にて予測していくこととしたい。これにより、売上高に対する売上原価、送料手数料、人件費、償却費、その他費用の各比率をそれぞれ28.7％、19.6％、13.3％、0.294％、26.6％とした。また総資産額、有利子負債残高についても、Kidpik Corp.社数値を参考にし、毎年の支払利息も平均適用金利を４％として算出した。なお、法人税率は30％を採用した。

ｈ．食品宅配系

食品宅配系のサブスクリプション提供企業における売上原価には、食品等商品の仕入などが計上されるかたちである。

前出ａ．ネット系通信コンテンツと同じように、食品宅配系サービスをサブスクリプションにて提供する企業における売上高予測、そして費用項目も検討したうえで、図表５−13のように損益予測を行ってみる。ここでは、東京証券取引所（東証）プライム市場に上場している、モデルとするオイシックス・ラ・大地社における実際の決算数値[32]をもとに損益予測を行った。売上高に対する売上原価、荷造運賃発送費、人件費、販売促進費、外注費、その他費用の各比率をそれぞれ51％、12％、５％、７％、５％、14％とした。また総資産額、有利子負債残高についても、オイシックス・ラ・大地社数値を参考にし、毎年の支払利息も平均適用金利を４％として算出した。なお、法人税率は30％を採用した。

以上が、サブスクリプション提供企業をカテゴリー別に分けて行った損益

31　Kidpik Corp.社は、2021年11月に米NASDAQ市場へ上場している。本章ではFORM 424(b)(4)および監査前FORM 10-Qに記載の、2019年度から2020年度におけるRevenuesに対する割合（12カ月に満たない場合は修正のうえ）を平均して算出した。

32　オイシックス・ラ・大地社の有価証券報告書に記載の、2019年度、2020年度連結売上高に対する割合を平均して算出した。

図表 5 −13　食品宅配系サブスクリプション提供企業における損益予測例および
　　　　　売上高予測

（単位：千円）

	20X1年 12月決算	20X2年 12月決算	20X3年 12月決算	20X4年 12月決算	20X5年 12月決算	20X6年 12月決算
売上高	2,536,501	2,858,192	3,220,683	3,629,146	4,089,412	4,608,052
売上原価	1,293,615	1,457,678	1,642,548	1,850,864	2,085,600	2,350,107
販管費	1,090,695	1,229,023	1,384,894	1,560,533	1,758,447	1,981,462
（内訳）荷造運賃発送費	304,380	342,983	386,482	435,498	490,729	552,966
人件費	126,825	142,910	161,034	181,457	204,471	230,403
販売促進費	177,555	200,073	225,448	254,040	286,259	322,564
外注費	126,825	142,910	161,034	181,457	204,471	230,403
その他費用	355,110	400,147	450,896	508,080	572,518	645,127
営業外費用　支払利息	961	1,083	1,220	1,375	1,550	1,746
税引前利益	151,229	170,409	192,021	216,374	243,815	274,737
税金	45,369	51,123	57,606	64,912	73,145	82,421
税引後利益	105,860	119,286	134,414	151,462	170,671	192,316
便宜上の期末総資産額	963,870	1,086,113	1,223,859	1,379,075	1,553,977	1,751,060
便宜上の期末有利子負債額	25,365	28,582	32,207	36,291	40,894	46,081
見込顧客数（千契約）	1,268	1,429	1,610	1,815	2,045	2,304
ARPU（販売単価）（円）	@10,000	@10,000	@10,000	@10,000	@10,000	@10,000
売上高予測（千円）	2,536,501	2,858,192	3,220,683	3,629,146	4,089,412	4,608,052

（出典）　筆者作成。仮説例。すべて税抜表示。

予測である。これらはあくまでも仮説例であり、前提によっては損益予測、
ひいてはキャッシュフロー、企業価値評価の結果も異なる。

　そこで次項では、こうした前提を置くにあたって最低限考慮しなければな
らない、キャッシュフロー変動要因につき概観する。そのうえで、サブスク
リプション提供企業の価値評価のためのキャッシュフロー予測を行ってい
く。

2.2 キャッシュフロー変動要因

本項では、投資家の立場から重要になると思われる、サブスクリプション・ビジネスにおけるキャッシュフローの変動要因（あるいは変動を抑える要因）につき確認する。本章はあくまでも経営戦略やマーケティング分野の文献ではないため、詳細な説明は当該分野の専門書に委ねることとするが、どのようなビジネスにおいても、環境が異なれば結果として生じるキャッシュフローにも違いが生じるはずである。

(1) 市場成長の可能性

サブスクリプション・ビジネスでのキャッシュフローを考えるに当たって、市場成長の可能性は大事な要素である。市場が成長しているのであれば、キャッシュフロー予測を行うサブスクリプション・ビジネスの経営戦略において、たとえ同業他社比でその構築に甘さがみられたとしても、契約顧客数が増加していく潜在性はある。

逆に市場成長の可能性が乏しい場合だと、いくら顧客獲得に努力したとしても、将来性には限界がある。キャッシュフロー予測を行ううえで、厳しいシナリオにも耐えられるか確認するため、当該予測に対しストレスをかけることで当該予測の妥当性を再検討することも多いが、その再検討の結果、当該予測を修正（たいていは下方修正）することとなる。

すなわち市場成長の可能性が高いほうが、キャッシュフロー予測を下方修正する必然性も低く、変動を抑える要因となる。一方で市場成長の可能性が乏しい場合は、キャッシュフローの変動要因になるといえる。

(2) 競争優位性

次に競争優位性について考察する。ある事業につき、サブスクリプション・ビジネスを始める前から、もともと同じ事業を継続しているのであれば、新規参入する企業と違い、当該事業の収支構造、顧客属性、法令等による規制、商慣習などにおけるノウハウをすでに保有している優位性を保持している可能性がある[33]。

一方で、先行者と後発者でさほど情報の非対称性が存在しないような事業の場合、先行者が経験したさまざまな苦労（費やしたコストや年月、法令上の規制など）を、後発者はあまり経験することなくスムーズに参入・展開していく可能性もある。特に先行者が一般消費者にとってあまり知名度がなく、後発者が圧倒的な知名度・ブランド力を保有している場合や、デジタル化への対応を強力に推し進めている場合[34]などは、後発者が競争優位性を保持しているといえるであろう。

　いずれにしろ、サブスクリプション・ビジネスでの参入障壁の有無やその程度、また知名度・ブランド力における競合他社との比較優位性、コスト優位性の有無など、さまざまな競争優位性における優劣の存在により、キャッシュフローが変動する。すなわち競争優位性は、キャッシュフローの変動要因になるといえる。

(3) 既存顧客の有無

　同様にサブスクリプション提供企業における、これまでの顧客（既存顧客）の有無もキャッシュフローに与える影響が大きい。例えばAmazon社は、もともとインターネットでの書籍販売を行う企業であったが、インターネットでの顧客管理を武器に、次第にファッション、家電、食品へとカテゴリーを広げ、サブスクリプション・ビジネスであるAmazon Primeサービスへと事業を拡大している。同社は既存顧客をインターネット上で管理しているがゆえに、新たなサービスを始める際のターゲット顧客とすることができ、有利にサブスクリプション・ビジネスを展開しているのである。

　逆にこれまで既存顧客を有していない企業が新たにサブスクリプション・ビジネスを始めるのであれば、一から顧客を獲得するためのさまざまな努力をしなければならず、コストもより多くかける必要があり、キャッシュフ

33　Lieberman and Montgomery（1988）は、先行者優位性について、技術的なリーダーシップ、希少な資産（資源）の先取り、買い手側のスイッチングコストなどをあげている。

34　McKinsey & Company et al.（2020, pp.93-99）は、デジタル化が企業価値にもたらす可能性についても指摘する。

ローを得ていくのは簡単ではないであろう。

　すなわち既存顧客の有無は、キャッシュフローの変動要因になるといえる。

(4)　資金繰りにおける耐久性

　資金繰りにおける耐久性について考える。企業が新たなビジネスを始める際は、そのビジネスが軌道に乗り、初期投資などが回収できるまで相応の時間を要する。順調にキャッシュフローを生み出すようになるまで、企業はサブスクリプション・ビジネスのさまざまな要素へ、資金を投入し続けなければならない。このとき、潤沢なキャッシュフローを生み出すようになるまでのタイミングは、（計画上の予測はしうるものの）実際のところ不明である。そうしたキャッシュフローを生み出すまでの間に、元本返済期限が到来してしまう社債や借入れなどの債務が存在し、返済に行き詰まる場合には、当該サブスクリプション提供企業は法的倒産も含めたシビアな局面を迎えることとなる。

　前述したとおり債務の利息は、節税効果を生み出すため企業価値の向上にも寄与する部分もある。しかしながら、資金繰りにおける耐久性が問題となるような債務の存在がある場合、当該サブスクリプション提供企業はキャッシュフローの予測において、債務の返済をまずは考慮しなければならない。思い切ったコストの負担をすることができず、キャッシュフローの予測においても、保守的な見積もりが必要となる。

　一方で、盤石な既存事業を有し資金面での心配がない場合や、潤沢な資金を有する大企業がバックについている場合、あるいは返済義務のない資本性の資金しか調達していない場合などであれば、当面は資金繰りを心配する必要がなく、気兼ねなくサブスクリプション・ビジネスを継続させることができる。

　すなわち資金繰りにおける耐久性は、キャッシュフローの変動要因になるといえる。

⑸　サステナビリティに関する要素

　サステナビリティについても考察する。特に投資家の立場との親和性が強い概念としてあげられるのは、国連事務総長であったコフィー・アナン氏が2006年に提唱した、責任投資原則に基づくESG（環境・社会・企業統治）である。

　その詳細は他の専門書に委ねるが、このESGの考え方は、われわれの社会を地球規模で考え持続的なものとするために必要とされるSDGsの考え方とも密接に関連するものであり、企業のサステナビリティを追求するうえで不可欠である。逆に、サステナビリティの要素に関し、他社と比較して意識が乏しい企業は、SDGsやESGの考え方においても少なからず課題が存在するはずである。こうした背景から、サブスクリプション提供企業においても、ESGの考え方を事業運営の中核に位置づけることが必須となっている。

　ここでサブスクリプション提供企業が、ESGの考え方を軽視して事業運営してしまった場合、どういう影響があるかを考える。CSR（企業の社会的責任）におけるレピュテーション・マネジメントの論点として櫻井（2019, p.695）も取り上げているが、環境問題や労働問題などをないがしろにした商品を、もしサブスクリプションにて消費者に提供した場合、世界的なNGO団体などが後から問題点を指摘し、不買運動に発展する可能性もおおいに考えられる。

　またMcKinsey & Company et al.（2020, p.88）は、ESGが①収益の増加、②コスト削減、③規制や法的介入の最小化、④従業員における生産性の向上、⑤投資と資本的支出の最適化、という重要な5点において、キャッシュフローに影響をもたらすことを指摘する。

　上記のとおりESGの考え方は、SDGsの考え方とも密接に関連する。また、サステナビリティの要素において問題があるようであれば、SDGsやESGにおいても課題が存在する。したがって、サステナビリティに関する要素は、ESGにも関連することから、キャッシュフローの変動要因になるといえる。

以上のようなキャッシュフロー変動要因を、実態をくまなく精査したうえ
で抽出し、サブスクリプション・ビジネスでのキャッシュフロー予測におい
て加味していくことは、結果として企業価値評価に影響を及ぼすこととな
り、大変重要であるといえる。

2.3　キャッシュフロー予測をふまえた企業価値評価

　ここまでは、サブスクリプション・ビジネスが扱っているカテゴリーがさ
まざまであることから、いくつかのカテゴリーを想定し、各カテゴリーでの
仮説例を設定のうえ、キャッシュフロー予測の前提となる損益予測を行っ
た。そして、キャッシュフローの変動要因についても、いくつか確認してき
た。

　本項では上記仮説例をさらに発展させ、キャッシュフロー予測を行い、エ
ンタープライズDCF法およびEBITマルチプル法による企業価値評価を行っ
ていく。なお、エンタープライズDCF法では、NOPATからFCFを求めるに
当たり、投下資本での純投資額を控除することとなるが、本章では簡略化の
ため、それぞれモデルとして採用した企業における直近決算数値を参考に、
同控除額とFCFを算出することとする。

a．ネット系通信コンテンツ

　ここでは、エンタープライズDCF法による評価対象事業の価値評価をみて
いく。図表5−14は、ネット系通信コンテンツのサブスクリプション・ビ
ジネスにおけるキャッシュフローを予測したものである。図表5−6の損益
予測をベースとしており、税引後利益に対して支払利息と税金を戻すことに
よりEBITを算出する[35]。法人税率30％を控除しNOPATを算出（式5−5。
以下同様）。FCFについては、本予測でモデルとしたNetflix社2020年12月決
算数値でのFCFが、同期売上高比7.69％であることを参考に、20X1年12月
決算数値を算出した。純資産額については直近3期の自己資本比率の平均値

35　戻しによる税金等調整は、複雑化回避のため本章では行わないこととする。

図表5－14　ネット系通信コンテンツ提供企業の評価対象事業におけるキャッシュフロー予測と価値評価（エンタープライズDCF法）

（単位：千円）

	20X1年12月決算	20X2年12月決算	20X3年12月決算	20X4年12月決算	20X5年12月決算	20X6年12月決算	20X7年12月決算	
売上高	20,735,892	23,365,723	26,329,081	29,668,268	33,430,947	37,670,827	42,448,431	
税引後利益	1,658,112	1,868,402	2,105,362	2,372,374	2,673,251	3,012,286	3,394,319	
支払利息	534,294	602,056	678,412	764,451	861,403	970,650	1,093,753	
税金	710,619	800,744	902,298	1,016,732	1,145,679	1,290,980	1,454,708	
EBIT	2,903,025	3,271,201	3,686,071	4,153,557	4,680,333	5,273,916	5,942,780	
NOPAT	2,032,117	2,289,841	2,580,250	2,907,490	3,276,233	3,691,741	4,159,946	
投下資本への純投資額	437,920	493,460	556,043	626,563	706,027	795,568	896,466	継続価値
FCF	1,594,197	1,796,381	2,024,207	2,280,928	2,570,206	2,896,173	3,263,480	71,882,817
ディスカウント・ファクター	0.9449	0.8929	0.8437	0.7972	0.7533	0.7118		0.7118
FCFの現在価値	1,506,375	1,603,913	1,707,767	1,818,345	1,936,083	2,061,445		51,164,922
便宜上の期末純資産額	8,111,881	9,140,671	10,299,937	11,606,226	13,078,186	14,736,828		
便宜上の期末総資産額	33,799,505	38,086,128	42,916,402	48,359,276	54,492,443	61,403,449		
便宜上の期末有利子負債額	14,100,407	15,888,691	17,903,775	20,174,422	22,733,044	25,616,163		61,798,850

WACC＝5.83％、RONIC＝6.00％、g＝1.29％　　評価対象事業の価値

（下段）	修正WACC＝6.83％、修正RONIC＝7.00％、修正g＝1.51％、継続期間のg＝0.10％							修正継続価値
FCF	1,594,197	1,796,381	2,024,207	2,280,928	2,570,206	2,896,173	3,263,480	48,491,529
ディスカウント・ファクター	0.9361	0.8762	0.8202	0.7678	0.7187	0.6727		0.6727
FCFの現在価値	1,492,275	1,574,027	1,660,257	1,751,211	1,847,149	1,948,342		32,621,694
								42,894,954
								評価対象事業の修正価値

（出典）　筆者作成。仮説例。すべて税抜表示。

24％を常に維持するよう数値をおいた。20X2年12月以降の決算数値については、NOPATから控除すべき投下資本への純投資額を20X1年12月決算数値と対売上高にて同比率となるよう調整して算出した。

　ここでWACCを求める。式5－1、式5－3、式5－4を再掲すると、

$$E(Ri) = Rf + \beta i \left[E(R_M) - Rf \right] \qquad \cdots\cdots 式5-1$$

$$WACC = R_D \times (1 - t_c) \times \frac{D}{D+E} + R_{EL} \times \frac{E}{D+E} \qquad \cdots\cdots 式5-3$$

$$\beta_{EL} = \beta_{EU} + \frac{D}{E} \times (1 - t_c) \times (\beta_{EU} - \beta_D) \qquad \cdots\cdots 式5-4$$

である。ここで鈴木（2018, pp.231-232）にならい、リスクフリーレート（Rf）については残存期間20年国債金利の2022年1月4日付値[36]0.476％を採用し、市場リスクプレミアム〔$E(R_M) - Rf$〕については5.5％を採用、負債のベータ（β_D）についてはゼロ（負債のベータを推定するのは容易でないため、企業がリスクフリーレートで社債を発行できると仮定）を採用する。以下同様とする。

　そして負債発生後の株主資本コストR_{EL}を求めるためには、式5－1よりレバード・ベータ（β_{EL}）が必要であるため、式5－4よりアンレバード・ベータ（β_{EU}）に関するデータを集める必要がある。資本コスト（Cost of Capital）ツール提供ホームページより、サービス業アンレバード・ベータ0.87を採用する[37]。

　式5－3や式5－4におけるDやEは、それぞれ20X1年12月の期末有利子負債額、期末純資産額を採用した（以下同様）。途中式は割愛するが、WACCは5.83％と算出される。また、RONICは投資家の期待収益率であるWACCよりも高い必要があるため（以下同様）、少し高めの6.00％とする。式5－12より、成長率gを求め1.29％となった。その結果、エンタープライズDCF法による当該ネット系通信コンテンツ提供のサブスクリプション事業価値（企業価値）は約618億円と算出された。なお、本来は式5－7が示すとおり非事業用資産の価値を考慮する必要があるものの、本章では以下、当該価値を捨象して上記サブスクリプション事業価値をもって企業価値とみなすものとする。

　ここで、EBITマルチプル法による企業価値につき考察する。図表5－14

36　日本証券業協会ホームページ「公社債店頭売買参考統計値」（https://market.jsda.or.jp/shijyo/saiken/baibai/baisanchi/files/2022/S220104.pdf）公表値（超長期国債178回債）より。

37　資本コスト（Cost of Capital）ホームページ「業種ベータ値（指数ヒストリカル回帰）33業種ヒストリカルベータ120か月」（https://costofcapital.jp/beta/sectorbetahist/histbeta120m/）（2022年1月3日閲覧）による。本章での各仮説例において、以下同様とする。

の20X1年12月決算におけるFCFは15.94億円であることから、式5－19より企業価値（EV）は約351億円と算出された。この場合、$\dfrac{EV}{EBIT}$マルチプルを計算すると、約12.1倍と算出される。

　他の要素を考慮はしていないが、通常のM&A案件において、10倍以内の倍率の範囲内に企業価値（EV）が収まっているようであればおおむね妥当であろう[38]。一方で、本件のようなネット系通信コンテンツのサブスクリプション・ビジネスは、成長途上で将来性もある。このため、他の類似案件との比較などにより、EBITマルチプル法による企業価値で算出された、12倍近辺の倍率でも許容される可能性が考えられる。一方で、別のアプローチのエンタープライズDCF法による約618億円というサブスクリプション事業価値（企業価値）は、少し高めの評価といえ、諸項目での予測見直しも必要に応じて検討すべきものと思われる。

　そこで今度は、同じ図表5－14の下段において示すとおり試算を行った。佐山（2003, p.36）によれば、未公開企業の場合、株式に市場性がないことや事業自体の将来性が不透明なことなどで、WACCにプレミアム分を加えるとのことである。また鈴木（2018, p.244）によれば、継続価値算定期間の成長率は一般的に、予測期間の成長率よりも低い成長率を用いるとのことである。

　キャッシュフロー変動要因についてもあらためて考慮していく。市場の成長性はあるものの、今後競争の激化が予想されることから競争優位性があるとは限らない。既存顧客を有してはいるものの、新事業を開始するのに十分とはいえない水準で、有利子負債も相応にあるため、債務返済も考慮した資金繰りにも注意を払う必要がある。サステナビリティに関しては、以前に社

---

[38]　西田（2020, p.7）ではEV／EBITマルチプル倍率を、旧東証1部上場企業における2019年度決算数値にて集計している。そこでは業種によって差があるものの、おおむね9倍程度から18倍程度までのレンジに収まっている。本章でみていく仮説例は、実際には存在しない企業を想定しているものであり、上場企業に比べ企業価値を比較的低い水準とするのが妥当であることから、10倍以内の水準をおおむね妥当とした。

会的問題となったコンテンツを配信してしまったことがあったため、再び同じようなことが起きないよう、チェック体制のさらなる強化が必要である。ここではこれらの点を考慮し、WACCにプレミアムを上乗せする[39]。このため図表5−14の下段では、WACCを6.83％、RONICを7.00％と修正し、予測期間内の成長率gを1.51％と求め、継続期間の成長率gを0.10％とした。

　この結果、エンタープライズDCF法による当該ネット系通信コンテンツ提供のサブスクリプション事業価値（企業価値）は約429億円、EBITマルチプル法による企業価値は約300億円、$\dfrac{EV}{EBIT}$マルチプルは、約10.3倍と算出された。ちなみにエンタープライズDCF法から算出された約429億円は、同マルチプルで約14.8倍の水準であり、修正前のEBITマルチプル法での倍率である約12.1倍より若干高めの水準にすぎない。この段階まで修正した後は、さらなる精緻な分析を行うことにより、類似案件とも比較しつつ、約300億円から約429億円の範囲内で、本件企業価値を算出していくのが現実的なものと思われる。

b．定期購読物（新聞、冊子等）

　前出a．ネット系通信コンテンツと同様に、エンタープライズDCF法による評価対象事業の価値評価をみていく。図表5−15は、定期購読物のサブスクリプション・ビジネスにおけるキャッシュフローを予測したものである。図表5−7の損益予測をベースとし、同じくEBITを算出する。FCFについては、本予測でモデルとしたKADOKAWA社2021年3月決算数値での営業活動によるキャッシュフローおよび投資活動によるキャッシュフローの合計値が、同期売上高比約4％であることを参考に、20X1年12月決算数値を算出した。純資産額については直近2期の自己資本比率の平均値47％を常に維持するよう数値をおいた。20X2年12月以降の決算数値については、

39　本章では、キャッシュフロー変動要因をふまえた見直しをWACCの調整などにて対応しているが、別の修正方法としては毎月の損益予測、FCF予測レベルで行う方法もありうる。

図表 5 −15　定期購読物提供企業の評価対象事業におけるキャッシュフロー予測と価値評価（エンタープライズDCF法）

（単位：千円）

	20X1年12月決算	20X2年12月決算	20X3年12月決算	20X4年12月決算	20X5年12月決算	20X6年12月決算	20X7年12月決算	
売上高	253,650	285,819	322,068	362,915	408,941	460,805	519,247	
税引後利益	8,500	9,578	10,793	12,162	13,705	15,443	17,401	
支払利息	3,076	3,466	3,905	4,401	4,959	5,587	6,296	
税金	3,643	4,105	4,626	5,212	5,873	6,618	7,458	
EBIT	15,219	17,149	19,324	21,775	24,536	27,648	31,155	
NOPAT	10,653	12,004	13,527	15,242	17,176	19,354	21,808	
投下資本への純投資額	507	572	644	726	818	922	1,038	継続価値
FCF	10,146	11,433	12,883	14,517	16,358	18,432	20,770	531,199
ディスカウント・ファクター	0.9602	0.9219	0.8852	0.8499	0.8160	0.7835		0.7835
FCFの現在価値	9,742	10,540	11,403	12,338	13,348	14,442		416,199
便宜上の期末純資産額	149,019	167,919	189,215	213,212	240,253	270,723		
便宜上の期末総資産額	317,063	357,274	402,585	453,643	511,177	576,007		
便宜上の期末有利子負債額	81,168	91,462	103,062	116,133	130,861	147,458	488,012	

WACC＝4.15％、RONIC＝5.00％、g＝0.24％　　　　　　　評価対象事業の価値

（下段）	修正WACC＝7.15％、修正RONIC＝8.00％、修正g＝0.38％、継続期間のg＝0.01％							修正継続価値
FCF	10,146	11,433	12,883	14,517	16,358	18,432	20,770	290,895
ディスカウント・ファクター	0.9333	0.8710	0.8129	0.7586	0.7080	0.6608		0.6608
FCFの現在価値	9,469	9,958	10,472	11,013	11,581	12,179		192,213

256,885

評価対象事業の修正価値

（出典）　筆者作成。仮説例。すべて税抜表示。

NOPATから控除すべき投下資本への純投資額を20X1年12月決算数値と対売上高にて同比率となるよう調整して算出した。

　負債発生後の株主資本コストR_{EL}を求めるため、アンレバード・ベータ（β_{EU}）に関するデータを集める必要がある。資本コスト（Cost of Capital）ツール提供ホームページより、情報・通信業アンレバード・ベータ0.58を採用する。式5−1、式5−3、式5−4より、WACCは4.15％と算出される。RONICは少し高めの5.00％とする。式5−12より、成長率gを求め0.24％となった。その結果、エンタープライズDCF法による当該定期購読物のサブスクリプション事業価値（企業価値）は約4.9億円と算出された。

　ここで、EBITマルチプル法による企業価値につき考察する。図表5−15

の20X1年12月決算におけるFCFは1,014.6万円であることから、式5−19より企業価値（EV）は約2.6億円と算出された。この場合、$\dfrac{EV}{EBIT}$マルチプルをを計算すると、約17.1倍と算出される。

　他の要素を考慮はしていないが、企業価値（EV）は前述のとおり、おおむね妥当とされる10倍以内の範囲を超えているため、EBITマルチプル法による企業価値で算出された約2.6億円の評価は高めといえる。さらには、エンタープライズDCF法による約4.9億円の評価も相当高めであると思われる。他の類似案件との比較も必要と思われるものの、諸項目での予測見直しも検討すべきである。

　そこで今度は、同じ図表5−15の下段において示すとおり試算を行った。前出ａ．ネット系通信コンテンツでの見直しと同様に、キャッシュフロー変動要因も考慮した。紙媒体の定期購読物は今後ますますネット媒体に置き換わることが予想され、市場の成長性には限界がみられる。競争優位性についても、必ずしも構築できてはいない。既存顧客を有してはいるが、多いとはいえない水準である。なお、これまでの内部留保も相応にあるため、有利子負債はさほど多くなく、資金繰りには余裕がある。サステナビリティに関し、リサイクル紙の使用率を従前から高めている点は評価されるが、創業家一族が常に統治しており、ガバナンス面には問題も多いと見受けられる。本件ではこうした点を考慮し、WACCにプレミアムを上乗せする。WACCを7.15％、RONICを8.00％と修正し、予測期間内の成長率gを0.38％と求め、継続期間の成長率gを0.01％とした。

　この結果、エンタープライズDCF法による当該定期購読物のサブスクリプション事業価値（企業価値）は約2.6億円、EBITマルチプル法による企業価値は約1.5億円、$\dfrac{EV}{EBIT}$マルチプルは、約9.8倍と算出された。ちなみにエンタープライズDCF法から算出された約2.6億円は、同マルチプルで約16.9倍の水準であり、修正前のEBITマルチプル法での倍率である約17.1倍とほ

ぼ同水準といえる。この段階まで修正した後は前出 a . ネット系通信コンテンツの場合と同様、さらなる精緻な分析を行うことにより、類似案件とも比較しつつ、約1.5億円から約2.6億円の範囲内で、本件企業価値を算出していくのが現実的なものと思われる。

c . ライフスタイル（家具、衣服等）

　同様にライフスタイル（家具、衣服等）分野についても、エンタープライズDCF法による評価対象事業の価値評価をみていく。図表5－16は、ファッションのサブスクリプション・ビジネスにおけるキャッシュフローを予測したものである。図表5－8の損益予測をベースとしており、これまでと同様にEBITを算出する。なお、本予測でモデルとしたRent The Runway社は、直近決算にて債務超過であり、FCFもマイナスである。そのためここでは、図表5－8の20X1年12月決算における税引後利益と同じ値を同決算期末の純資産額とみなし、以降の純資産額は各期における税引後利益を前期の純資産に加算していくかたちとした。またFCFについては、税引後利益とNOPATとの平均値を採用した。

　負債発生後の株主資本コストR_{EL}を求めるため、アンレバード・ベータ（β_{EU}）に関するデータを集める。資本コスト（Cost of Capital）ツール提供ホームページより、小売業アンレバード・ベータ0.64を採用する。式5－1、式5－3、式5－4より、WACCは5.21％と算出される。RONICは少し高めの6.00％とする。式5－12より、成長率gを求め1.18％となった。その結果、エンタープライズDCF法による当該ファッションのサブスクリプション事業価値（企業価値）は約123億円と算出された。

　ここで、EBITマルチプル法による企業価値につき考察する。図表5－16の20X1年12月決算におけるFCFは2億7,811.2万円であることから、式5－19より企業価値（EV）は約69億円と算出された。この場合、$\dfrac{EV}{EBIT}$マルチプルを計算すると、約14.0倍と算出される。

　他の要素を考慮はしていないが、本件のようなファッションのサブスクリ

図表5-16 ファッションサブスク提供企業の評価対象事業におけるキャッシュフロー予測と価値評価（エンタープライズDCF法）

（単位：千円）

	20X1年 12月決算	20X2年 12月決算	20X3年 12月決算	20X4年 12月決算	20X5年 12月決算	20X6年 12月決算	20X7年 12月決算	
売上高	3,804,751	4,287,289	4,831,024	5,443,719	6,134,119	6,912,078	7,788,703	
税引後利益	209,992	236,624	266,634	300,450	338,554	381,491	429,874	
支払利息	194,629	219,313	247,128	278,470	313,787	353,583	398,426	
税金	89,996	101,410	114,272	128,764	145,095	163,496	184,232	
EBIT	494,618	557,348	628,033	707,683	797,435	898,570	1,012,531	
NOPAT	346,232	390,143	439,623	495,378	558,205	628,999	708,772	
投下資本への純投資額	68,120	76,760	86,495	97,464	109,825	123,754	139,449	継続価値
FCF	278,112	313,384	353,128	397,914	448,379	505,245	569,323	14,127,120
ディスカウント・ファクター	0.9505	0.9034	0.8587	0.8162	0.7757	0.7373		0.7373
FCFの現在価値	264,340	283,115	303,223	324,759	347,825	372,529		10,416,252
便宜上の期末純資産額	209,992	446,616	713,249	1,013,699	1,352,253	1,733,744		
便宜上の期末総資産額	7,343,169	8,274,467	9,323,876	10,506,377	11,838,849	13,340,311		
便宜上の期末有利子負債額	5,136,414	5,787,840	6,521,882	7,349,020	8,281,060	9,331,306		12,312,042

WACC＝5.21%、RONIC＝6.00%、g＝1.18%　→　評価対象事業の価値

（下段）			修正WACC＝7.21%、修正RONIC＝8.00%、修正g＝1.57%、継続期間のg＝0.50%					修正継続価値
FCF	278,112	313,384	353,128	397,914	448,379	505,245	569,323	8,484,693
ディスカウント・ファクター	0.9327	0.8700	0.8115	0.7569	0.7060	0.6585		0.6585
FCFの現在価値	259,409	272,650	286,567	301,195	316,570	332,729		5,587,588

7,356,708

評価対象事業の修正価値

（出典）　筆者作成。仮説例。すべて税抜表示。

プション・ビジネスは、前出 a．ネット系通信コンテンツと同じく成長途上で将来性もある。このため、企業価値（EV）が10倍を超えてはいるものの、他の類似案件との比較などにより、EBITマルチプル法による企業価値で算出された、14倍近辺の倍率でも許容される可能性が考えられる。別のアプローチであるエンタープライズDCF法による約123億円というサブスクリプション事業価値（企業価値）は、少し高めの評価といえ、諸項目での予測見直しも必要に応じて検討すべきものと思われる。

　そこで今度は、同じ図表5-16の下段において示すとおり試算を行った。これまでの見直しと同様に、キャッシュフロー変動要因も考慮した。ファッションのサブスクリプション・ビジネスにおける市場の成長性はあるもの

の、今後競争の激化が予想されることから競争優位性があるとは限らない。既存顧客は多数とはいえず、今後の顧客獲得には相応のハードルが存在する。また初期投資のための有利子負債も多く、債務返済負担も含めた資金繰りにも注意が必要がある。一方、サステナビリティに関しては、衣服を何回かユーザーが使用した後、リサイクル品として発展途上国などに支援物資として提供するビジネス・モデルであるため、世の中から高く評価されている。本件ではこれらの点を考慮し、WACCにプレミアムを上乗せする。WACCを7.21%、RONICを8.00%と修正し、予測期間内の成長率gを1.57%と求め、継続期間の成長率gを0.50%とした。

　この結果、エンタープライズDCF法による当該ファッションのサブスクリプション事業価値（企業価値）は約73.6億円、EBITマルチプル法による企業価値は約49.3億円、$\dfrac{EV}{EBIT}$マルチプルは、約10.0倍と算出された。ちなみにエンタープライズDCF法から算出された約73.6億円は、同マルチプルで約14.9倍の水準であり、修正前のEBITマルチプル法での倍率である約14倍を若干上回る程度である。この段階まで修正した後は、これまでと同様、さらなる精緻な分析を行うことにより、類似案件とも比較しつつ、約49.3億円から約73.6億円の範囲内で、本件企業価値を算出していくのが現実的なものと思われる。

d．飲食・美容系

　同様に飲食・美容系分野についても、エンタープライズDCF法による評価対象事業の価値評価をみていく。図表5−17は、美容サービスのサブスクリプション・ビジネスにおけるキャッシュフローを予測したものである。図表5−9の損益予測をベースとし、同様にEBITを算出する。なお、本予測でモデルとしたRegis Corporation社は、直近決算が赤字であり、FCFもマイナスである。このため本d．飲食・美容系において、純資産額については直近3期の自己資本比率の平均値6％を常に維持するよう数値をおき、FCFについては、税引後利益とNOPATとの平均値を採用した。

図表5－17　美容系サブスク提供企業の評価対象事業におけるキャッシュフロー
　　　　予測と価値評価（エンタープライズDCF法）

（単位：千円）

	20X1年12月決算	20X2年12月決算	20X3年12月決算	20X4年12月決算	20X5年12月決算	20X6年12月決算	20X7年12月決算	
売上高	3,804,751	4,287,289	4,831,024	5,443,719	6,134,119	6,912,078	7,788,703	
税引後利益	132,104	148,858	167,737	189,010	212,981	239,992	270,429	
支払利息	54,785	61,733	69,562	78,384	88,325	99,527	112,150	
税金	56,616	63,796	71,887	81,004	91,278	102,854	115,898	
EBIT	243,504	274,386	309,186	348,398	392,584	442,373	498,477	
NOPAT	170,453	192,071	216,430	243,879	274,809	309,661	348,934	
投下資本への純投資額	19,175	21,606	24,347	27,434	30,914	34,834	39,252	継続価値
FCF	151,278	170,464	192,083	216,444	243,895	274,827	309,682	5,898,697
ディスカウント・ファクター	0.9441	0.8913	0.8415	0.7945	0.7501	0.7082		0.7082
FCFの現在価値	142,823	151,942	161,642	171,963	182,942	194,622		4,177,228
便宜上の期末純資産額	502,227	565,922	637,695	718,571	809,704	912,394		
便宜上の期末総資産額	8,370,452	9,432,035	10,628,253	11,976,181	13,495,061	15,206,572		
便宜上の期末有利子負債額	1,445,805	1,629,170	1,835,789	2,068,613	2,330,965	2,626,590		5,183,161

WACC＝5.92％、RONIC＝6.00％、g＝0.67％　　　評価対象事業の価値

（下段）	修正WACC＝7.52％、修正RONIC＝8.00％、修正g＝0.90％、継続期間のg＝0.50％							修正継続価値
FCF	151,278	170,464	192,083	216,444	243,895	274,827	309,682	4,411,418
ディスカウント・ファクター	0.9301	0.8650	0.8045	0.7482	0.6959	0.6472		0.6472
FCFの現在価値	140,698	147,453	154,533	161,953	169,729	177,878		2,855,241
								3,807,485
								評価対象事業の修正価値

（出典）　筆者作成。仮説例。すべて税抜表示。

　負債発生後の株主資本コストR_{EL}を求めるため、アンレバード・ベータ（β_{EU}）に関するデータを確認する。資本コスト（Cost of Capital）ツール提供ホームページより、サービス業アンレバード・ベータ0.87を採用する。式5－1、式5－3、式5－4より、WACCは5.92％と算出される。また、RONICは少し高めの6.00％とする。式5－12より、成長率gを求め0.67％となった。その結果、エンタープライズDCF法による当該美容サービスのサブスクリプション事業価値（企業価値）は約51.8億円と算出された。

　ここで、EBITマルチプル法による企業価値につき考察する。図表5－17の20X1年12月決算におけるFCFは1億5,127.8万円であることから、式5－19

より企業価値（EV）は約28.8億円と算出された。この場合、$\dfrac{EV}{EBIT}$ マルチプルを計算すると、約11.8倍と算出される。

　他の要素を考慮はしていないが、企業価値（EV）が10倍を超えてはいるものの、10倍近辺でありおおむね妥当であろう。他の類似案件との比較などを通じて、より踏み込んだ検討が可能である。別のアプローチであるエンタープライズDCF法による約51.8億円というサブスクリプション事業価値（企業価値）は、少し高めの評価といえ、諸項目での予測見直しも必要なものと思われる。

　そこで、同じ図表5－17の下段において示すとおり試算を行った。これまでの見直しと同様に、キャッシュフロー変動要因も考慮した。美容サービスのサブスクリプション・ビジネスにおける市場の成長性は一定程度あるものの、今後競争の激化が予想されることから競争優位性があるとは限らない。一方で既存顧客は有しており、顧客名簿は整備されている。これまでの内部留保も相応にあったが、昨今の感染症による来客控えのため、有利子負債も相応に増えてきたことから、資金繰り上は債務返済の考慮が必要である。サステナビリティに関し、創業家一族による統治が不透明ともされ、ガバナンス面には多少の問題が見受けられる。本件ではこうした点を考慮し、WACCにプレミアムを上乗せする。WACCを7.52％、RONICを8.00％と修正し、予測期間内の成長率 g を0.90％と求め、継続期間の成長率 g を0.50％とした。

　この結果、エンタープライズDCF法による当該美容サービスのサブスクリプション事業価値（企業価値）は約38.1億円、EBITマルチプル法による企業価値は約22.9億円、$\dfrac{EV}{EBIT}$ マルチプルは、約9.4倍と算出された。ちなみにエンタープライズDCF法から算出された約38.1億円は、同マルチプルで約15.6倍の水準であり、修正前のEBITマルチプル法での倍率である約11.8倍を少し上回る程度である。この段階まで修正した後は、これまでと同様、さらなる精緻な分析を行うことにより、類似案件とも比較しつつ、約22.9億円

から約38.1億円の範囲内で、本件企業価値を算出していくのが現実的なものと思われる。

e．自動車系

これまでと同様に、エンタープライズDCF法による評価対象事業の価値評価をみていく。図表5－18は、自動車系のサブスクリプション・ビジネスにおけるキャッシュフローを予測したものである。図表5－10の損益予測をベースとし、同様の方法でEBITを算出する。FCFについて考えると、本予測でモデルとした住友三井オートサービス社の2021年3月決算数値における「営業活動によるキャッシュフロー」および「投資活動によるキャッシュフロー」の合計値は、同期売上高比約17.57％となる。これを図表5－10の予

図表5－18　自動車系サブスク提供企業の評価対象事業におけるキャッシュフロー予測と価値評価（エンタープライズDCF法）

（単位：千円）

	20X1年12月決算	20X2年12月決算	20X3年12月決算	20X4年12月決算	20X5年12月決算	20X6年12月決算	20X7年12月決算	
売上高	2,536,501	2,858,192	3,220,683	3,629,146	4,089,412	4,608,052	5,192,469	
税引後利益	54,529	61,444	69,237	78,018	87,912	99,062	111,626	
支払利息	44,693	50,361	56,748	63,945	72,055	81,193	91,490	
税金	23,369	26,333	29,673	33,436	37,677	42,455	47,840	
EBIT	122,591	138,138	155,658	175,399	197,644	222,710	250,955	
NOPAT	85,814	96,697	108,960	122,779	138,351	155,897	175,669	
投下資本への純投資額	15,642	17,626	19,862	22,381	25,219	28,418	32,022	継続価値
FCF	70,171	79,071	89,099	100,399	113,132	127,480	143,647	7,328,936
ディスカウント・ファクター	0.9755	0.9516	0.9283	0.9056	0.8834	0.8618		0.8618
FCFの現在価値	68,453	75,246	82,713	90,921	99,943	109,861		6,316,020
便宜上の期末純資産額	774,901	873,178	983,919	1,108,704	1,249,315	1,407,760		
便宜上の期末総資産額	5,960,776	6,716,752	7,568,604	8,528,493	9,610,119	10,828,923		
便宜上の期末有利子負債額	4,717,891	5,316,238	5,990,470	6,750,211	7,606,307	8,570,977	6,843,156	

WACC＝2.51％、RONIC＝3.00％、g＝0.55％　　　　　　　　評価対象事業の価値

（下段）	修正WACC＝6.91％、修正RONIC＝7.00％、修正g＝1.28％、継続期間のg＝0.50％							修正継続価値
FCF	70,171	79,071	89,099	100,399	113,132	127,480	143,647	2,240,985
ディスカウント・ファクター	0.9354	0.8749	0.8184	0.7655	0.7160	0.6697		0.6697
FCFの現在価値	65,636	69,180	72,915	76,852	81,001	85,375		1,500,821

1,951,780
評価対象事業の修正価値

（出典）　筆者作成。仮説例。すべて税抜表示。

測に当てはめると、20X1年12月期のFCFの値は4億4,572.2万円となり、NOPATの約5倍と異常値となるため採用せず、上記例でも用いた税引後利益とNOPATとの平均値を、各期におけるFCFとして採用した。純資産額については、直近2期の自己資本比率の平均値13％を常に維持するよう数値をおいた。

負債発生後の株主資本コストR_{EL}を求めるため、アンレバード・ベータ（β_{EU}）に関するデータを確認する。資本コスト（Cost of Capital）ツール提供ホームページより、その他金融業アンレバード・ベータ0.45を採用する。式5－1、式5－3、式5－4より、WACCは2.51％と算出される。RONICは少し高めの3.00％とする。式5－12より、成長率gを求め0.55％となった。その結果、エンタープライズDCF法による当該自動車系のサブスクリプション事業価値（企業価値）は約68.4億円と算出された。

ここで、EBITマルチプル法による企業価値につき考察する。図表5－18の20X1年12月決算におけるFCFは7,017.1万円であることから、式5－19より企業価値（EV）は約35.8億円と算出された。この場合、$\dfrac{EV}{EBIT}$マルチプルを計算すると、約29.2倍と算出される。

他の要素を考慮はしていないが、当該仮説例では企業価値（EV）が10倍をはるかに超えている。類似案件との比較も行いつつ、もう一段踏み込んで評価額を抑えたほうが現実的かと思われる。さらに別のアプローチであるエンタープライズDCF法による約68.4億円というサブスクリプション事業価値（企業価値）は、相当高めの評価といえるため、再度の予測見直しが必要なものと思われる。

こうした結果を受けて、同じ図表5－18の下段において示すとおり試算を行った。これまでの見直しと同様に、キャッシュフロー変動要因も考慮した。自動車系のサブスクリプション・ビジネスにおける市場の成長性は一定程度あるものの、今後格安の電気自動車も登場していくことから、競争の激化が予想される。このため競争優位性に関しては非常にシビアにみていく必

要があると思われる。既存顧客を有してはいるものの、新事業を牽引していくほど十分とはいえない水準である。そして、有利子負債も相応にあるため、債務返済に対する負担も考慮した資金繰りにもおおいに注意を払う必要がある。サステナビリティに関しては、現時点では残念ながら、温室効果ガスの排出とされるガソリン車の比率も大きいため、一部の投資家からは低い評価を受けてしまっている。本件ではこれらの点を考慮し、WACCにプレミアムを上乗せする。WACCを6.91％、RONICを7.00％と修正し、予測期間内の成長率gを1.28％と求め、継続期間の成長率gを0.50％とした。

　この結果、エンタープライズDCF法による当該自動車系のサブスクリプション事業価値（企業価値）は約19.5億円、EBITマルチプル法による企業価値は約12.5億円、$\dfrac{EV}{EBIT}$マルチプルは、約10.2倍と算出された。ちなみにエンタープライズDCF法から算出された約19.5億円は、同マルチプルで約15.9倍の水準であり、修正前のEBITマルチプル法での倍率約29.2倍よりも大幅に下がっている。この段階まで修正した後は、これまでと同様、さらなる精緻な分析を行うことにより、類似案件とも比較しつつ、約12.5億円から約19.5億円の範囲内で、本件企業価値を算出していくのが現実的なものと思われる。

f．ビジネス・学習系

　まずエンタープライズDCF法による評価対象事業の価値評価をみていく。図表5−19は、学習系のサブスクリプション・ビジネスにおけるキャッシュフローを予測したものである。図表5−11の損益予測をベースとしており、これまでと同様にEBITを算出する。FCFについて考えると、本予測でモデルとしたベネッセホールディングス社直近2期の決算数値における「営業活動によるキャッシュフロー」および「投資活動によるキャッシュフロー」の合計値の平均は、売上高比約6％となる。これを図表5−11の予測に当てはめると、20X1年12月期のFCFの値は1億5,219万円となり、NOPATの約34％増の水準となる。本章における他の仮説例でのFCFは、すべてNOPAT

図表5-19　学習系サブスク提供企業の評価対象事業におけるキャッシュフロー予測と価値評価（エンタープライズDCF法）

(単位：千円)

	20X1年12月決算	20X2年12月決算	20X3年12月決算	20X4年12月決算	20X5年12月決算	20X6年12月決算	20X7年12月決算	
売上高	2,536,501	2,858,192	3,220,683	3,629,146	4,089,412	4,608,052	5,192,469	
税引後利益	119,136	134,245	151,271	170,456	192,074	216,434	243,883	
支払利息	7,689	8,664	9,763	11,001	12,397	13,969	15,740	
税金	35,741	40,274	45,381	51,137	57,622	64,930	73,165	
EBIT	162,566	183,183	206,415	232,594	262,093	295,333	332,788	
NOPAT	113,796	128,228	144,491	162,816	183,465	206,733	232,952	
投下資本への純投資額	11,380	12,823	14,449	16,282	18,346	20,673	23,295	継続価値
FCF	102,416	115,405	130,042	146,534	165,118	186,060	209,657	4,358,767
ディスカウント・ファクター	0.9487	0.9000	0.8538	0.8100	0.7684	0.7290		0.7290
FCFの現在価値	97,160	103,863	111,029	118,689	126,878	135,632		3,177,406
便宜上の期末純資産額	1,012,825	1,141,276	1,286,019	1,449,118	1,632,902	1,839,995		
便宜上の期末総資産額	3,069,166	3,458,413	3,897,026	4,391,267	4,948,189	5,575,743		
便宜上の期末有利子負債額	202,920	228,655	257,655	290,332	327,153	368,644		3,870,658

WACC=5.41%、RONIC=6.00%、g=0.60%　　　　　評価対象事業の価値

(下段)	修正WACC=7.41%、修正RONIC=8.00%、修正g=0.80%、継続期間のg=0.50%							修正継続価値
FCF	102,416	115,405	130,042	146,534	165,118	186,060	209,657	3,034,105
ディスカウント・ファクター	0.9310	0.8668	0.8070	0.7513	0.6995	0.6512		0.6512
FCFの現在価値	95,351	100,032	104,942	110,093	115,497	121,167		1,975,888
								2,622,970
								評価対象事業の修正価値

（出典）　筆者作成。仮説例。すべて税抜表示。

を下回る水準となっていることに鑑み、本予測ではNOPATの90％値を、各期におけるFCFとして採用した。純資産額については、直近2期の自己資本比率の平均値33％を常に維持するよう数値をおいた。

　負債発生後の株主資本コストR_{EL}を求めるため、アンレバード・ベータ（β_{EU}）に関するデータを集める。資本コスト（Cost of Capital）ツール提供ホームページより、サービス業アンレバード・ベータ0.87を採用する。式5-1、式5-3、式5-4より、WACCは5.41％と算出される。また、RONICは少し高めの6.00％とする。式5-12より、成長率gは0.60％と求められる。その結果、エンタープライズDCF法による当該学習系のサブスクリプション事業価値（企業価値）は約38.7億円と算出された。

ここで、EBITマルチプル法による企業価値につき考察する。図表5－19の20X1年12月決算におけるFCFは1億241.6万円であることから、式5－19より企業価値（EV）は約21.3億円と算出された。この場合、$\dfrac{EV}{EBIT}$マルチプルを計算すると、約13.1倍と算出される。

　他の要素を考慮しておらず、また類似案件との比較も別途必要と思われるものの、企業価値（EV）はおおむね妥当とされる10倍を少し超えている程度であり、EBITマルチプル法による企業価値は許容範囲であると思われる。この点でみると、エンタープライズDCF法による約38.7億円のサブスクリプション事業価値（企業価値）の評価は、若干高めといえるであろう。

　そこで、同じ図表5－19の下段において示すとおり試算を行った。これまでの見直しと同様に、キャッシュフロー変動要因も考慮した。学習系のサブスクリプション・ビジネスにおける市場の成長性は一定程度あるものの、今後競争の激化が予想されることから競争優位性があるとは限らない。既存顧客を有してはいるが、さほど多いとはいえない水準である。なお、これまでの内部留保も相応にあるため、有利子負債はさほど多くなく、資金繰りには多少の余裕がある。一方でサステナビリティに関しては、創業家一族による不透明な統治がこれまでに問題視されることもあり、ガバナンス面には課題も多い。本件ではこうした点を考慮し、WACCにプレミアムを上乗せする。WACCを7.41％、RONICを8.00％と修正し、予測期間内の成長率gを0.80％と求め、継続期間の成長率gを0.50％とした。

　この結果、エンタープライズDCF法による当該学習系のサブスクリプション事業価値（企業価値）は約26.2億円、EBITマルチプル法による企業価値は約15.5億円、$\dfrac{EV}{EBIT}$マルチプルは、約9.5倍と算出された。ちなみにエンタープライズDCF法から算出された約26.2億円は、同マルチプルで約16.1倍の水準であり、修正前のEBITマルチプル法での倍率である約13.1倍を少し上回る程度である。本件のような学習系のサブスクリプション・ビジネス

は、インターネットでのコンテンツ提供も始まり、新たな成長軌道に乗っている側面もある。この段階まで修正した後は、これまでと同様、さらなる精緻な分析を行うことにより、類似案件とも比較しつつ、約15.5億円から約26.2億円の範囲内で、本件企業価値を算出していくのが現実的なものと思われる。

g．子育て系（おもちゃ等）

子育て系業種のサブスクリプション・ビジネスに関し、まずエンタープライズDCF法による評価対象事業の価値評価をみていく。図表5−20は、当該サブスクリプション・ビジネスにおけるキャッシュフローを予測したものである。図表5−12の損益予測をベースとし、同様にEBITを算出する。FCFについて考えると、本予測でモデルとしたKidpik Corp.社の直近2期（2019年12月期、2020年12月期）の決算数値における「営業活動によるキャッシュフロー」および「投資活動によるキャッシュフロー」の合計値は、いずれも赤字である。このため上記例でも用いた、税引後利益とNOPATとの平均値を各期におけるFCFとして採用した。純資産額については債務超過から脱した直近2020年12月期および2021年6月期（第2四半期）、2021年9月期（第3四半期）における自己資本比率の平均値11％を常に維持するよう数値をおいた。

負債発生後の株主資本コストR_{EL}を求めるため、アンレバード・ベータ（β_{EU}）に関するデータを集める。資本コスト（Cost of Capital）ツール提供ホームページより、小売業アンレバード・ベータ0.64を採用する。式5−1、式5−3、式5−4より、WACCは4.98％と算出される。RONICは少し高めの5.00％とする。式5−12より、成長率gを求め0.16％となった。その結果、エンタープライズDCF法による当該子育て系のサブスクリプション事業価値（企業価値）は約137億円と算出された。

ここで、EBITマルチプル法による企業価値につき考察する。図表5−20の20X1年12月決算におけるFCFは3億5,562万円であることから、式5−19

図表5−20 子育て系サブスク提供企業の評価対象事業におけるキャッシュフロー予測と価値評価（エンタープライズDCF法）

(単位：千円)

	20X1年12月決算	20X2年12月決算	20X3年12月決算	20X4年12月決算	20X5年12月決算	20X6年12月決算	20X7年12月決算	
売上高	4,565,701	5,144,746	5,797,229	6,532,463	7,360,942	8,294,494	9,346,444	
税引後利益	343,510	387,076	436,167	491,484	553,816	624,054	703,199	
支払利息	34,601	38,989	43,934	49,506	55,784	62,859	70,831	
税金	147,219	165,890	186,929	210,636	237,350	267,452	301,371	
EBIT	525,330	591,955	667,029	751,625	846,950	954,364	1,075,402	
NOPAT	367,731	414,368	466,920	526,138	592,865	668,055	752,781	
投下資本への純投資額	12,110	13,646	15,377	17,327	19,525	22,001	24,791	継続価値
FCF	355,620	400,722	451,544	508,811	573,341	646,054	727,990	15,103,533
ディスカウント・ファクター	0.9526	0.9074	0.8643	0.8233	0.7843	0.7471		0.7471
FCFの現在価値	338,751	363,605	390,283	418,919	449,655	482,647		11,283,378
便宜上の期末純資産額	261,158	294,279	331,601	373,657	421,046	474,445		
便宜上の期末総資産額	2,374,165	2,675,268	3,014,559	3,396,881	3,827,690	4,313,137		
便宜上の期末有利子負債額	913,140	1,028,949	1,159,446	1,306,493	1,472,188	1,658,899	13,727,239	

WACC＝4.98％、RONIC＝5.00％、g＝0.16％ 評価対象事業の価値

(下段)	修正WACC＝7.48％、修正RONIC＝8.00％、修正g＝0.26％、継続期間のg＝0.10％							修正継続価値
FCF	355,620	400,722	451,544	508,811	573,341	646,054	727,990	9,864,367
ディスカウント・ファクター	0.9304	0.8657	0.8054	0.7494	0.6972	0.6487		0.6487
FCFの現在価値	330,871	346,887	363,678	381,281	399,737	419,086		6,398,870

8,640,410

評価対象事業の修正価値

(出典) 筆者作成。仮説例。すべて税抜表示。

より企業価値（EV）は約73.8億円と算出された。この場合、$\dfrac{EV}{EBIT}$マルチプルを計算すると、約14.0倍と算出される。

　他の要素を考慮していないが、本件のような子育て系のサブスクリプション・ビジネスは、成長途上で将来性もある。このため、他の類似案件との比較などにより、EBITマルチプル法により算出された、約14.0倍の企業価値（EV）はおおむね妥当とされる10倍を少し超えている程度であり、許容範囲であると思われる。この点でみると、エンタープライズDCF法による約137億円というサブスクリプション事業価値（企業価値）は、若干高めの評価といえるであろう。

このため、同じ図表5−20の下段において示すとおり試算を行った。これまでの見直しと同様に、キャッシュフロー変動要因も考慮した。子育て系のサブスクリプション・ビジネスにおける市場の成長性は一定程度あるものの、今後競争の激化が予想されることから競争優位性があるとは限らない。現時点で既存顧客はあまり有しておらず、今後の顧客獲得には相応のハードルが存在する。また初期投資に伴う有利子負債も多く、債務返済に対する負担も考慮した資金繰りにも注意を払う必要がある。一方、サステナビリティに関しては、子供服やアクセサリー、おもちゃなどを何回かユーザーが使用した後、リサイクル品として発展途上国などに支援物資として提供するビジネス・モデルであるため、世の中から高く評価されている。本件ではこうした点を考慮し、WACCにプレミアムを上乗せする。WACCを7.48％、RONICを8.00％と修正し、予測期間内の成長率 g を0.26％と求め、継続期間の成長率 g を0.10％とした。

この結果、エンタープライズDCF法による当該子育て系のサブスクリプション事業価値（企業価値）は約86.4億円、EBITマルチプル法による企業価値は約49.3億円、$\dfrac{EV}{EBIT}$ マルチプルは、約9.4倍と算出された。ちなみにエンタープライズDCF法から算出された約86.4億円は、同マルチプルで約16.4倍の水準であり、修正前のEBITマルチプル法での倍率である約14.0倍を少し上回る程度である。この段階まで修正した後は、これまでと同様、さらなる精緻な分析を行うことにより、類似案件とも比較しつつ、約49.3億円から約86.4億円の範囲内で、本件企業価値を算出していくのが現実的なものと思われる。

h．食品宅配系

食品宅配系業種のサブスクリプション・ビジネスに関し、まずエンタープライズDCF法による評価対象事業の価値評価をみていく。図表5−21は、当該サブスクリプション・ビジネスにおけるキャッシュフローを予測したものである。図表5−13の損益予測をベースとし、同様にEBITを算出する。

図表5−21　食品宅配系サブスク提供企業の評価対象事業におけるキャッシュフロー予測と価値評価（エンタープライズDCF法）

（単位：千円）

	20X1年12月決算	20X2年12月決算	20X3年12月決算	20X4年12月決算	20X5年12月決算	20X6年12月決算	20X7年12月決算	
売上高	2,536,501	2,858,192	3,220,683	3,629,146	4,089,412	4,608,052	5,192,469	
税引後利益	105,860	119,286	134,414	151,462	170,671	192,316	216,706	
支払利息	961	1,083	1,220	1,375	1,550	1,746	1,968	
税金	147,219	165,890	186,929	210,636	237,350	267,452	301,371	
EBIT	254,040	286,259	322,563	363,472	409,570	461,514	520,045	
NOPAT	177,828	200,381	225,794	254,431	286,699	323,060	364,032	
投下資本への純投資額	24,623	27,746	31,265	35,230	39,698	44,733	50,406	継続価値
FCF	153,205	172,635	194,529	219,200	247,001	278,326	313,625	9,306,383
ディスカウント・ファクター	0.9610	0.9235	0.8875	0.8528	0.8196	0.7876		0.7876
FCFの現在価値	147,227	159,427	172,637	186,942	202,432	219,205		7,329,561
便宜上の期末純資産額	510,851	575,640	648,645	730,910	823,608	928,062		
便宜上の期末総資産額	963,870	1,086,113	1,223,859	1,379,075	1,553,977	1,751,060		
便宜上の期末有利子負債額	25,365	28,582	32,207	36,291	40,894	46,081	8,417,431	

WACC＝4.06％、RONIC＝5.00％、g＝0.69％　　　　　　　　　　　　　評価対象事業の価値

（下段）　　　　修正WACC＝6.86％、修正RONIC＝7.00％、修正g＝0.97％、継続期間のg＝0.50％　　　修正継続価値

	20X1年	20X2年	20X3年	20X4年	20X5年	20X6年	20X7年	
FCF	153,205	172,635	194,529	219,200	247,001	278,326	313,625	4,931,212
ディスカウント・ファクター	0.9358	0.8757	0.8195	0.7669	0.7177	0.6716		0.6716
FCFの現在価値	143,369	151,181	159,419	168,105	177,265	186,923		3,311,789

4,298,052

評価対象事業の修正価値

（出典）　筆者作成。仮説例。すべて税抜表示。

FCFについて考えると、本予測でモデルとしたオイシックス・ラ・大地社直近決算（2021年3月期）の数値における「営業活動によるキャッシュフロー」および「投資活動によるキャッシュフロー」の合計値は、売上高比約6.04％となる。このため、同数値を各期におけるFCFとして採用した。純資産額については、直近2期決算における自己資本比率の平均値53％を常に維持するよう数値をおいた。

　負債発生後の株主資本コストR_{EL}を求めるため、アンレバード・ベータ（β_{EU}）に関するデータを確認する。資本コスト（Cost of Capital）ツール提供ホームページより、小売業アンレバード・ベータ0.64を採用する。式5−1、式5−3、式5−4より、WACCは4.06％と算出される。RONICは少し高

めの5.00％とする。式5−12より、成長率 g は0.69％と求められた。その結果、エンタープライズDCF法による当該食品宅配系のサブスクリプション事業価値（企業価値）は約84億円と算出された。

　ここで、EBITマルチプル法による企業価値につき考察する。図表5−21の20X1年12月決算におけるFCFは1億5,320.5万円であることから、式5−19より企業価値（EV）は約45億円と算出された。この場合、$\dfrac{EV}{EBIT}$ マルチプルを計算すると、約17.9倍と算出される。

　他の要素を考慮しておらず、類似案件との比較も必要と思われるものの、企業価値（EV）は前述のとおり、おおむね妥当とされる10倍以内の範囲を超えているため、EBITマルチプル法による企業価値で算出された約45億円の評価は高めであると思われる。さらには、エンタープライズDCF法による約84億円の評価は高めであり、諸項目での予測見直しも検討すべきである。

　そこで、同じ図表5−21の下段において示すとおり試算を行った。これまでの見直しと同様に、キャッシュフロー変動要因も考慮した。食品宅配系のサブスクリプション・ビジネスにおける市場の成長性はあるものの、今後競争の激化が予想されることから競争優位性があるとは限らない。既存顧客を有してはいるが、さほど多いとはいえない水準である。なお、これまでの内部留保も相応にあるため、有利子負債はさほど多くなく、資金繰りには多少の余裕がある。一方でサステナビリティに関しては、地産地消という部分で評価される面があるものの、創業者による統治に問題も多く、ガバナンス面には課題も見受けられる。本件ではこれらの点を考慮し、WACCにプレミアムを上乗せする。WACCを6.86％、RONICを7.00％と修正し、予測期間内の成長率 g を0.97％と求め、継続期間の成長率 g を0.50％とした。

　この結果、エンタープライズDCF法による当該食品宅配系のサブスクリプション事業価値（企業価値）は約43.0億円、EBITマルチプル法による企

業価値は約26.0億円、$\dfrac{EV}{EBIT}$ マルチプルは、約10.2倍と算出された。ちなみにエンタープライズDCF法から算出された約43.0億円は、同マルチプルで約16.9倍の水準であり、修正前のEBITマルチプル法での倍率である約17.9倍も下回っている。この段階まで修正した後は、これまでと同様、さらなる精緻な分析を行うことにより、類似案件とも比較しつつ、約26.0億円から約43.0億円の範囲内で、本件企業価値を算出していくのが現実的なものと思われる。

　ここまで、サブスクリプション・ビジネスでの企業価値評価についてみてきた。本節では、まずサブスクリプション・ビジネス特有の運営形態に着目し、カテゴリーごとに損益予測、およびキャッシュフロー予測を行った。カテゴリーごとに取り扱う商品・サービスも異なり、損益構造も相違する。このため各カテゴリーにおいて、モデルとする企業をわが国、さらには米国から選び、それらの決算数値を参考にしながら仮説例を設定した。そのうえで、各カテゴリーにおいてエンタープライズDCF法とEBITマルチプル法を利用し、架空の事例とはいえ企業価値評価を試みたのである。また、どのようなビジネスにおいても、取り巻く環境は重要である。このため、キャッシュフローの変動要因についても別途確認を行ったのである。

　以上の考察の結果、サブスクリプション・ビジネスでの企業における価値評価は、その手法を示すことができたのである。すなわち、本章が目指す投資家にとってのサブスクリプション・ビジネスに関し、その全体像を提示することができた。

3　投資家視点によるサブスクリプション企業価値評価　まとめ

　本章では、投資家にとってのサブスクリプション・ビジネスを考察するため、まず企業価値評価手法について確認してきた。なかでも代表的なエン

タープライズDCF法、およびEBIT／EBITAマルチプル法につき、鈴木（2004；2018）あるいはMcKinsey & Company et al.（2015；2020）などを参考にしながら、評価手法を概観してきた。

　そして次に、サブスクリプション・ビジネスでの企業価値評価を確認してきた。ひとくちにサブスクリプション・ビジネスといっても、扱っているカテゴリーはさまざまであり、ターゲットカスタマー、損益構造、ブランドが持つ影響などは異なる。このため、サブスクリプション・ビジネスにおいて、いくつかのカテゴリーを想定し、それぞれのカテゴリーで、財務諸表公表企業をモデルとして選定し、それらを参考にしながら仮説例を設定のうえ、まずは損益予測につき考察した。

　また、どのようなビジネスにおいても、環境が異なれば結果として生じるキャッシュフローにも違いが生じるはずである。このため本章では、キャッシュフローの変動要因についても確認した。市場成長の可能性、競争優位性、資金繰りにおける耐久性、サステナビリティに関する要素につき、その代表例としてあげた。

　そのうえで、上記カテゴリー分けを活用し、キャッシュフロー予測を行い、エンタープライズDCF法およびEBITマルチプル法による企業価値評価を行ってきた。

　もっとも本章で示す企業価値評価手法は、投資家にとってのサブスクリプション・ビジネスの全体像を示すためにわかりやすさを優先させ、複雑化を回避する目的もあったことから、いささか必要最低限の内容であった部分は否めない。さらに詳しい企業価値評価手法については、本章でも紹介した参考文献などに委ねることとしたい。

　世の中にあふれるサブスクリプション・ビジネスに関し、投資家の立場である読者にとって、分析の一助になれば望外の喜びである。

《参考文献》（本文中記載のホームページ、各社公開決算書等は省略した）
Lieberman, M. B., and D. B. Montgomery（1988）. First-Mover Advantages.

Strategic Management Journal, 9(5)：pp.41-58.

Lintner, J. (1965). The Valuation of Risk Assets and the Selection of Risky Investments in Stock Portfolios and Capital Budgets. *The Review of Economics and Statistics,* 47(1)：pp.13-37.

McKinsey & Company, T. Koller, M. Goedhart, and D. Wessels (2015). *Valuation: Measuring and Managing the Value of Companies.* 6th edition. Hoboken, NJ: John Wiley & Sons, Inc.

McKinsey & Company, T. Koller, M. Goedhart, and D. Wessels (2020). *Valuation: Measuring and Managing the Value of Companies. (Wiley finance series),* 7th edition. Hoboken, NJ: John Wiley & Sons, Inc.

Sharpe, W. F. (1964). Capital Asset Prices: A Theory of Market Equilibrium under Condition of Risk. *The Journal of Finance,* 19(3)：pp.425-442.

齋藤浩史（2020）『GAFAの決算書　超エリート企業の利益構造とビジネス・モデルがつかめる』かんき出版。

櫻井通晴（2019）『管理会計〔第七版〕』同文舘出版。

佐山展生（2003）「M&A（企業買収・合併）と企業価値：企業とインタンジブルズ価値の評価」『管理会計学』11(2)：pp.29-42.

鈴木一功編著（2004）『企業価値評価【実践編】』ダイヤモンド社。

鈴木一功（2018）『企業価値評価【入門編】』ダイヤモンド社。

筒井徹（2014）「平成25年度調査研究事業 中小企業とM&A」『商工金融』64(9)：pp.27-68.

奈良沙織（2019）『企業評価論入門』中央経済社。

西田俊介（2020）『新型コロナウイルス感染拡大による影響を考慮した企業価値評価の留意点』（2020年6月18日）三菱UFJリサーチ&コンサルティング（https://www.murc.jp/wp-content/uploads/2020/06/cr_200618.pdf）（2021年1月8日閲覧）。

事 項 索 引

【あ行】

【執筆者略歴】

谷守　正行（たにもり・まさゆき）【編著者：はしがき、第1章～第3章】

　専修大学商学部教授、博士（経営学）、日本証券アナリスト協会　認定アナリスト
日本管理会計学会理事、日本原価計算研究学会理事
　メガバンク企画部門、大手SIer金融本部部長、ビッグ4監査法人ディレクターなどを経て現職。
　『地域金融機関の経営・収益管理―銀行管理会計のケーススタディ』〔編著者〕中
　　央経済社、2019年。
　『金融機関のためのマネジメント・アカウンティング』〔編著者〕同文舘出版、
　　2018年。
　『BSCによる銀行経営革命―金融機関の価値創造フレームワーク』金融財政事情
　　研究会、2005年。
　「銀行原価計算の変化に基づく間接費配賦の再考―ホリスティック・アプローチ
　　のキャパシティー推定型原価計算―」『管理会計学』30(2)：pp.27-42、2022年。
　「なぜ広がるサブスクリプションサービス」『独立行政法人国民生活センター・
　　「国民生活」』2019年。
　Relationship-Based Costing, *Journal of International Business and Economics.*
　　18(3)：pp.39-50, 2018.
　「サブスクリプションモデルの管理会計研究」『専修商学論集』105：pp.99-113、
　　2017年。

秋山　盛（あきやま・みつる）【第5章】

　早稲田大学産業経営研究所招聘研究員、博士（商学）。複数大学にて兼任講師。
　日本長期信用銀行（現新生銀行）、外資系投資銀行、メガバンク等を経験。
　『サステナブル経営を実現する金融機関の管理会計』中央経済社、2022年。
　A Study on Using Integrated Reports at Mega Banks: Characteristics as Infor-
　　mation Sharing Support Tools Within the Organization, *Journal of Japanese
　　Management,* 4(2)：pp.1-16, 2020.

梅田　宙（うめだ・ひろし）【第4章】

　高崎経済大学経済学部准教授、博士（商学）、公認会計士論文式試験合格
　専修大学商学部助教を経て現職。
　『企業価値創造のためのインタンジブルズ・マネジメント』専修大学出版局、
　　2018年。
　「バランスト・スコアカード研究の変遷と展望：2010年以降の文献を中心に」『高
　　崎経済大学論集』64(3)：pp.115-140、2022年。

サブスクリプションの収益管理と企業価値評価

2022年7月22日　第1刷発行

編著者　谷守　正行
著　者　秋山　盛／梅田　宙
発行者　加藤　一浩

〒160-8520　東京都新宿区南元町19
発　行　所　一般社団法人 金融財政事情研究会
企画・制作・販売　株式会社きんざい
出　版　部　TEL 03(3355)2251　FAX 03(3357)7416
販売受付　TEL 03(3358)2891　FAX 03(3358)0037
URL https://www.kinzai.jp/

校正：株式会社友人社／印刷：株式会社日本制作センター

ISBN978-4-322-14149-8